RÄTSEL
KALENDER
2019

DIESER KALENDER GEHÖRT

_____

_____

_____

MEINE **KONTAKTE**

NAME	
ADRESSE	
EMAIL	
TELEFON	

NAME	
ADRESSE	
EMAIL	
TELEFON	

NAME	
ADRESSE	
EMAIL	
TELEFON	

NAME	
ADRESSE	
EMAIL	
TELEFON	

NAME	
ADRESSE	
EMAIL	
TELEFON	

NAME	
ADRESSE	
EMAIL	
TELEFON	

NAME	
ADRESSE	
EMAIL	
TELEFON	

NAME	
ADRESSE	
EMAIL	
TELEFON	

NAME	
ADRESSE	
EMAIL	
TELEFON	

NAME	
ADRESSE	
EMAIL	
TELEFON	

NAME	
ADRESSE	
EMAIL	
TELEFON	

NAME	
ADRESSE	
EMAIL	
TELEFON	

NAME	
ADRESSE	
EMAIL	
TELEFON	

NAME	
ADRESSE	
EMAIL	
TELEFON	

NAME	
ADRESSE	
EMAIL	
TELEFON	

NAME	
ADRESSE	
EMAIL	
TELEFON	

JANUAR

01	DI	Neujahr	
02	MI		
03	DO		
04	FR		
05	SA		
06	SO	Heilige Drei Könige	1
07	MO		
08	DI		
09	MI		
10	DO		
11	FR		
12	SA		
13	SO		2
14	MO		
15	DI		
16	MI		
17	DO		
18	FR		
19	SA		
20	SO		3
21	MO		
22	DI		
23	MI		
24	DO		
25	FR		
26	SA		
27	SO		4
28	MO		
29	DI		
30	MI		
31	DO		

FEBRUAR

01	FR		
02	SA		
03	SO		5
04	MO		
05	DI		
06	MI		
07	DO		
08	FR		
09	SA		
10	SO		6
11	MO		
12	DI		
13	MI		
14	DO	Valentinstag	
15	FR		
16	SA		
17	SO		7
18	MO		
19	DI		
20	MI		
21	DO		
22	FR		
23	SA		
24	SO		8
25	MO		
26	DI		
27	MI		
28	DO		

			MÄRZ				APRIL
01	FR			01	MO		
02	**SA**			02	DI		
03	**SO**		9	03	MI		
04	MO	Rosenmontag		04	DO		
05	DI	Fastnacht		05	FR		
06	MI	Aschermittwoch		**06**	**SA**		
07	DO			**07**	**SO**		14
08	FR			08	MO		
09	**SA**			09	DI		
10	**SO**		10	10	MI		
11	MO			11	DO		
12	DI			12	FR		
13	MI			**13**	**SA**		
14	DO			**14**	**SO**		15
15	FR			15	MO		
16	**SA**			16	DI		
17	**SO**		11	17	MI		
18	MO			18	DO	Gründonnerstag	
19	DI			**19**	**FR**	Karfreitag	
20	MI			**20**	**SA**		
21	DO			**21**	**SO**	Ostersonntag	16
22	FR			**22**	**MO**	Ostermonatg	
23	**SA**			23	DI		
24	**SO**		12	24	MI		
25	MO			25	DO		
26	DI			26	FR		
27	MI			**27**	**SA**		
28	DO			**28**	**SO**		17
29	FR			29	MO		
30	**SA**			30	DI	Walpurgisnacht	
31	**SO**	Beginn der Sommerzeit	13				

		MAI				JUNI	
01	MI	Tag der Arbeit		01	SA		
02	DO			02	SO		22
03	FR			03	MO		
04	SA			04	DI		
05	SO		18	05	MI		
06	MO			06	DO		
07	DI			07	FR		
08	MI			08	SA		
09	DO			09	SO	Pfingsten	23
10	FR			10	MO	Pfingstmontag	
11	SA			11	DI		
12	SO	Muttertag	19	12	MI		
13	MO			13	DO		
14	DI			14	FR		
15	MI			15	SA		
16	DO			16	SO		24
17	FR			17	MO		
18	SA			18	DI		
19	SO		20	19	MI		
20	MO			20	DO	Fronleichnam	
21	DI			21	FR		
22	MI			22	SA		
23	DO			23	SO		25
24	FR			24	MO		
25	SA			25	DI		
26	SO		21	26	MI		
27	MO			27	DO		
28	DI			28	FR		
29	MI			29	SA		
30	DO	Himmelfahrt/Vatertag		30	SO		26
31	FR						

	JULI		
01	MO		
02	DI		
03	MI		
04	DO		
05	FR		
06	**SA**		
07	**SO**		27
08	MO		
09	DI		
10	MI		
11	DO		
12	FR		
13	**SA**		
14	**SO**		28
15	MO		
16	DI		
17	MI		
18	DO		
19	FR		
20	**SA**		
21	**SO**		29
22	MO		
23	DI		
24	MI		
25	DO		
26	FR		
27	**SA**		
28	**SO**		30
29	MO		
30	DI		
31	MI		

	AUGUST		
01	DO		
02	FR		
03	**SA**		
04	**SO**		31
05	MO		
06	DI		
07	MI		
08	DO	Augsburger Friedensfest	
09	FR		
10	**SA**		
11	**SO**		32
12	MO		
13	DI		
14	MI		
15	DO	Mariä Himmelfahrt	
16	FR		
17	**SA**		
18	**SO**		33
19	MO		
20	DI		
21	MI		
22	DO		
23	FR		
24	**SA**		
25	**SO**		34
26	MO		
27	DI		
28	MI		
29	DO		
30	FR		
31	**SA**		

SEPTEMBER			
01	SO		35
02	MO		
03	DI		
04	MI		
05	DO		
06	FR		
07	SA		
08	SO		36
09	MO		
10	DI		
11	MI		
12	DO		
13	FR		
14	SA		
15	SO		37
16	MO		
17	DI		
18	MI		
19	DO		
20	FR		
21	SA		
22	SO		38
23	MO		
24	DI		
25	MI		
26	DO		
27	FR		
28	SA		
29	SO		39
30	MO		

OKTOBER			
01	DI		
02	MI		
03	DO	Tag der deutschen Einheit	
04	FR		
05	SA		
06	SO	Erntedankfest	40
07	MO		
08	DI		
09	MI		
10	DO		
11	FR		
12	SA		
13	SO		41
14	MO		
15	DI		
16	MI		
17	DO		
18	FR		
19	SA		
20	SO		42
21	MO		
22	DI		
23	MI		
24	DO		
25	FR		
26	SA		
27	SO	Ende der Sommerzeit	43
28	MO		
29	DI		
30	MI		
31	DO	Reformationstag	

		NOVEMBER					DEZEMBER	
01	FR	Allerheiligen			01	SO	1. Advent	49
02	**SA**	Allerseelen			02	MO		
03	**SO**		45		03	DI		
04	MO				04	MI		
05	DI				05	DO		
06	MI				06	FR	Nikolaus	
07	DO				**07**	**SA**		
08	FR				**08**	**SO**	2. Advent	50
09	**SA**				09	MO		
10	**SO**		46		10	DI		
11	MO	Martinstag			11	MI		
12	DI				12	DO		
13	MI				13	FR		
14	DO				**14**	**SA**		
15	FR				**15**	**SO**	3. Advent	51
16	**SA**				16	MO		
17	**SO**	Volkstrauertag	47		17	DI		
18	MO				18	MI		
19	DI				19	DO		
20	MI	Buß- und Bettag			20	FR		
21	DO				**21**	**SA**		
22	FR				**22**	**SO**	4. Advent	52
23	**SA**				23	MO		
24	**SO**	Totensonntag	48		24	DI	Heiligabend	
25	MO				**25**	**MI**	1. Weihnachtstag	
26	DI				**26**	**DO**	2. Weihnachtstag	
27	MI				27	FR		
28	DO				**28**	**SA**		
29	FR				**29**	**SO**		53
30	**SA**				30	MO		
					31	DI	Silvester	

MEINE FIXEN TERMINE

ZEIT	MONTAG	DIENSTAG	MITTWOCH

ZEIT	MONTAG	DIENSTAG	MITTWOCH

DONNERSTAG	FREITAG	SAMSTAG	SONNTAG

DONNERSTAG	FREITAG	SAMSTAG	SONNTAG

DEZ 2018

MO	DI	MI	DO	FR	SA	SO
					1	2
3	4	5	6	7	8	9
10	11	12	13	14	15	16
17	18	19	20	21	22	23
24	25	26	27	28	29	30
31						

JANUAR

MONTAG	DIENSTAG	MITTWOCH
31	1	2
	Neujahr	
7	8	9
14	15	16
21	22	23
28	29	30

FEB 2019

MO	DI	MI	DO	FR	SA	SO
				1	2	3
4	5	6	7	8	9	10
11	12	13	14	15	16	17
18	19	20	21	22	23	24
25	26	27	28			

2019

DONNERSTAG	FREITAG	SAMSTAG	SONNTAG
3	4	5	6
			Heilige Drei Könige
10	11	12	13
17	18	19	20
24	25	26	27
31	1	2	3

MEDIUM

A

5					3		4	
8	1		9	5				
				6				
4				7		3	1	
2	3	7				8	5	9
	8	6		9				4
				3				
				2	1		6	7
	7		4					5

B

A

B

MEDIUM

1			5		3			6
			4				7	
6					1		8	
5				2		8		4
2		6				5		9
3		9		5				7
	9		7					1
	6				2			
7			3		6			2

H	B	K	Y	N	L	K	T	D	E	R	I	S	R	B	F	R
V	N	L	B	U	X	X	J	Y	G	O	L	S	F	C	V	Q
N	W	S	N	F	Q	V	E	V	F	E	S	R	B	S	O	H
P	Y	P	O	Q	J	J	W	F	E	S	H	O	R	T	S	M
W	Y	S	C	H	A	L	G	P	V	V	X	C	I	X	K	F
L	S	P	Y	K	O	B	E	R	T	E	I	L	U	K	T	Z
S	Q	L	Q	Y	B	W	M	S	N	T	G	O	J	A	P	E
U	H	S	C	H	U	H	E	B	S	Y	T	J	X	L	H	T
C	U	K	S	C	O	B	C	N	T	U	Y	E	V	T	A	F
O	X	X	Y	G	X	T	J	A	C	K	E	J	U	L	N	P
V	C	U	Y	G	E	I	W	N	O	E	A	E	E	X	D	V
P	U	N	T	E	R	H	O	S	E	E	N	K	F	B	S	L
F	V	L	V	S	V	G	H	E	X	F	M	Q	R	T	C	F
R	I	P	Y	W	I	N	T	E	R	Z	W	X	K	C	H	Q
Q	K	U	C	G	U	S	O	C	K	E	N	L	E	V	U	G
C	J	Z	M	D	K	L	E	I	D	C	U	M	J	R	H	N
Z	Y	I	S	F	H	O	Q	R	T	A	H	W	S	C	E	U

Diese Wörter sind versteckt:

1 SCHAL

2 SOCKEN

3 SHORTS

4 SCHUHE

5 KLEID

6 HANDSCHUHE

7 UNTERHOSE

8 OBERTEIL

9 KALT

10 WINTER

11 JACKE

A

LEICHT

				5				
	3	1	2	7			8	
2		6				4		9
				9	7	3		
	7		5		3		6	
		3	8	2				
7		2				1		4
	9			8	2	5	3	
			4					

B

LEICHT

	2			7	9	6	8	
9	4		8		1			5
						9		
		2				3	6	8
				2				
7	6	3				5		
		4						
8			5		2		9	3
	7	9	6	1			2	

JAN 2019

MO	DI	MI	DO	FR	SA	SO
	1	2	3	4	5	6
7	8	9	10	11	12	13
14	15	16	17	18	19	20
21	22	23	24	25	26	27
28	29	30	31			

FEBRUAR

MONTAG	DIENSTAG	MITTWOCH
28	29	30
4	5	6
11	12	13
18	19	20
25	26	27

MÄR 2019

MO	DI	MI	DO	FR	SA	SO
				1	2	3
4	5	6	7	8	9	10
11	12	13	14	15	16	17
18	19	20	21	22	23	24
25	26	27	28	29	30	31

2019

DONNERSTAG	FREITAG	SAMSTAG	SONNTAG
31	1	2	3
7	8	9	10
14	15	16	17
Valentinstag			
21	22	23	24
28	1	2	3

A

1			2			5		
	7					9	2	8
9							7	1
7			9	3				
	6	3		4		1	9	
				7	6			5
4	2							9
3	5	8					1	
		1			8			2

SCHWER

A

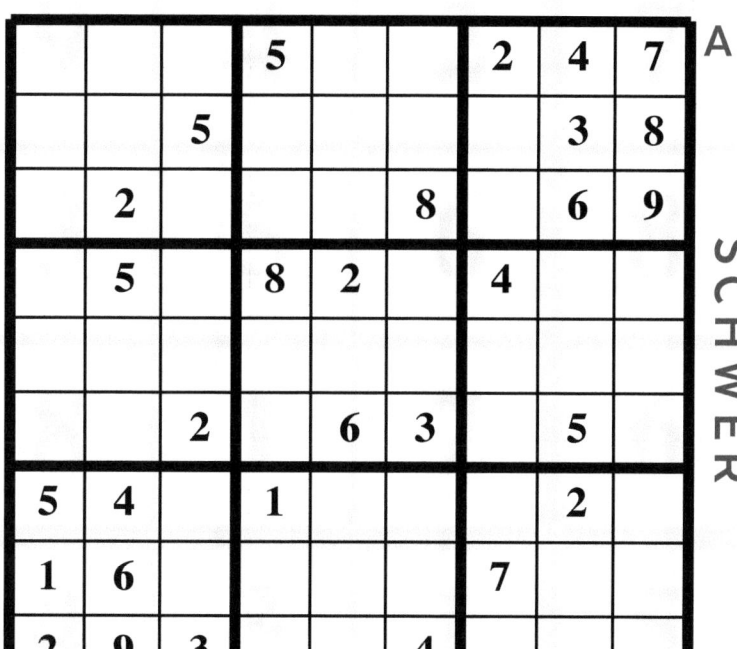

B

A — MEDIUM

			6					7
7	4			8	1			6
	9					4	2	
	6		9			2	8	
9								1
	3	7			5		9	
	7	9					6	
4			1	7			3	9
2					9			

B — MEDIUM

2		4		8				
	9				5	2	1	
	3				1			8
		3	8	6	2			
4								5
			4	5	7	1		
9			1				8	
	4	2	6				9	
				7		6		4

A	S	J	A	U	T	O	H	E	U	P	O	L
F	I	V	H	X	O	O	X	J	M	S	M	B
U	B	E	N	N	R	G	V	X	J	L	L	A
O	I	Q	L	W	U	C	O	K	W	E	H	U
E	I	U	S	I	K	L	G	X	H	Q	T	M
Y	U	E	E	N	W	N	E	S	Y	S	J	T
P	C	P	A	D	T	P	L	V	N	O	Z	H
U	E	K	N	C	P	K	B	Y	Q	N	T	A
B	S	W	D	Z	C	B	D	T	V	N	T	U
M	U	Y	P	R	E	G	E	N	D	E	W	S
V	W	E	S	M	D	J	M	L	W	M	A	M
G	Y	F	A	H	R	R	A	D	S	H	W	G
T	F	G	B	V	B	Q	A	R	W	L	K	W

Diese Wörter sind versteckt:

1 HAUS

2 AUTO

3 BAUM

4 FAHRRAD

5 LKW

6 PWK

7 VOGEL

8 SONNE

9 REGEN

10 WIND

FEB 2019

MO DI MI DO FR SA SO

				1	2	3
4	5	6	7	8	9	10
11	12	13	14	15	16	17
18	19	20	21	22	23	24
25	26	27	28			

MÄRZ

MONTAG	DIENSTAG	MITTWOCH
25	26	27
4	5	6
Rosenmontag	Fastnacht	Aschermittwoch
11	12	13
18	19	20
25	26	27

APR 2019

MO DI MI DO FR SA SO

1	2	3	4	5	6	7
8	9	10	11	12	13	14
15	16	17	18	19	20	21
22	23	24	25	26	27	28
29	30					

2019

DONNERSTAG	FREITAG	SAMSTAG	SONNTAG
28	1	2	3
7	8	9	10
14	15	16	17
21	22	23	24
28	29	30	31 Beginn Sommerzeit

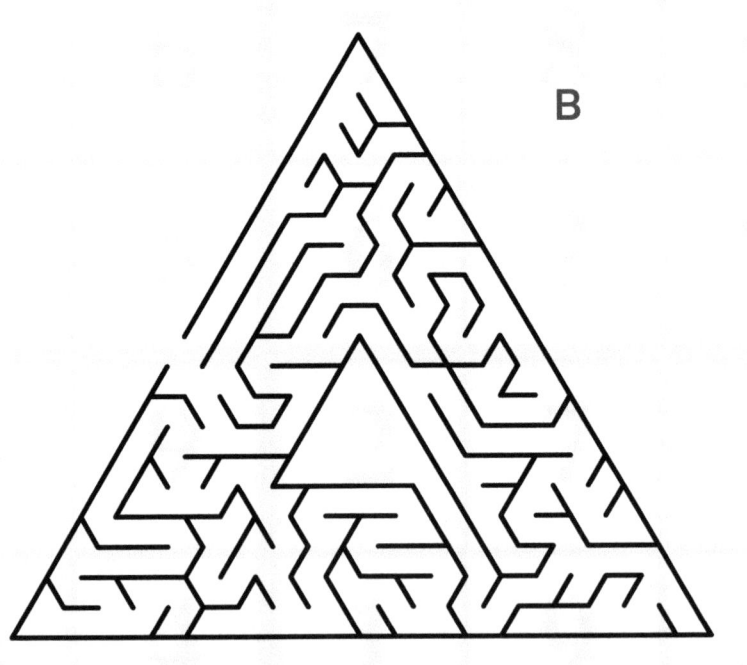

26

A

EINFACH

					6			3
		6	3		8	9		
	8		1	9				
	6			3		2	8	4
	5			8			1	
8	2	3		7			5	
				6	3		7	
		1	8		9	5		
6			2					

B

A — EINFACH

			5					
2	5		1			9	6	
8		6		2	7		3	
		5		4	9			
		3		6		5		
			3	1		7		
	3		8	7		6		9
	9	4			3		8	2
					2			

B — EINFACH

			4	7	1		8	9
								2
	4			9		1	5	
3			7					
	1	4	9	6	8	2	3	
					2			7
	2	6		5			9	
4								
5	9		8	1	7			

28

MEDIUM — A

	7		6		8	4	2	
					2			
	2	3			7			
		7					6	4
9	3	6				8	1	7
8	4					9		
			3			7	8	
			4					
	8	9	2		6		4	

MEDIUM — B

			9					5
5	1		4		6		9	8
					8	1		
7		1		4				2
8								6
4				7		5		3
		4	3					
2	5		1		7		4	9
3					4			

A

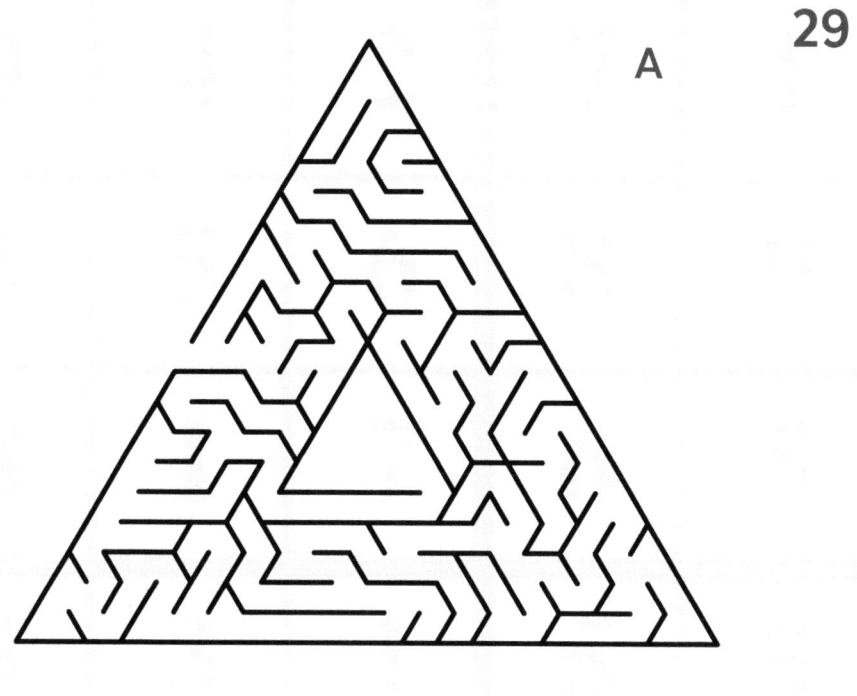

B

MEDIUM

			1	8	6			
		1						6
	2			7	4		5	3
			4				2	
	6	7	8		2	9	3	
	4				7			
8	1		3	5			4	
3						5		
			6	4	1			

MÄR 2019

MO	DI	MI	DO	FR	SA	SO
					1	2	3
4	5	6	7	8	9	10
11	12	13	14	15	16	17
18	19	20	21	22	23	24
25	26	27	28	29	30	31

APRIL

MONTAG	DIENSTAG	MITTWOCH
1	2	3
8	9	10
15	16	17
22	23	24
29 Ostermontag	30	1
	Walpurgisnacht	

MAI 2019

MO	DI	MI	DO	FR	SA	SO
		1	2	3	4	5
6	7	8	9	10	11	12
13	14	15	16	17	18	19
20	21	22	23	24	25	26
27	28	29	30	31		

DONNERSTAG	FREITAG	SAMSTAG	SONNTAG
4	5	6	7
11	12	13	14
18	19	20	21
Gründonnerstag	Karfreitag	Karsamstag	Ostersonntag
25	26	27	28
2	3	4	5

A — EINFACH

	5			4			9	
		2	5		1	4		6
			8				7	
3						7	6	8
			1	5	6			
9	6	4						2
	7				2			
5		6	7		8	3		
	8			9			1	

B — EINFACH

		4			3			5
	6				8	2		
	9		1				4	
	4	3				9		
5	7		3		6		8	2
		8				6	1	
	1				5		7	
		9	7				2	
7			6			1		

A

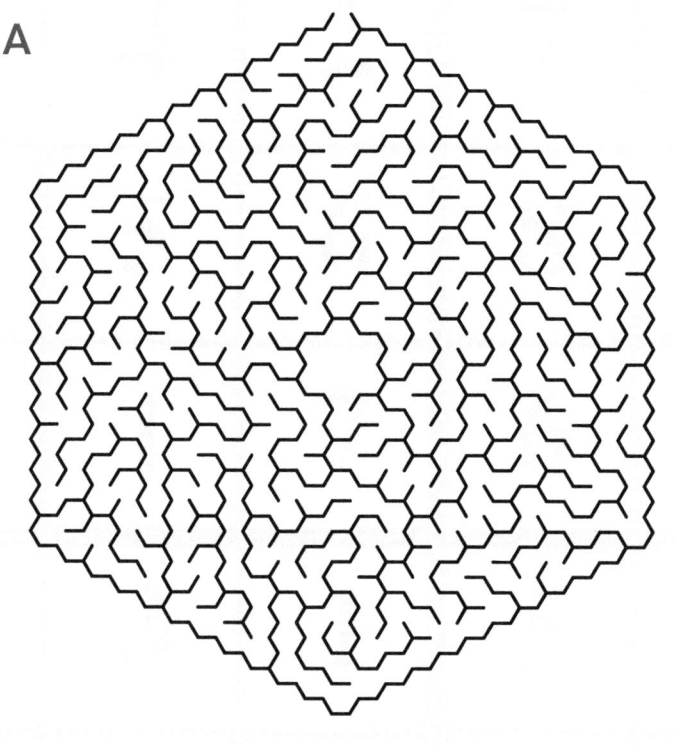

EINFACH

3	4							
						1	3	2
		1	9		3		6	
1		3			4	7		
8		2				5		4
		4	2			8		3
	3		8		6	2		
7	6	5						
							4	5

A

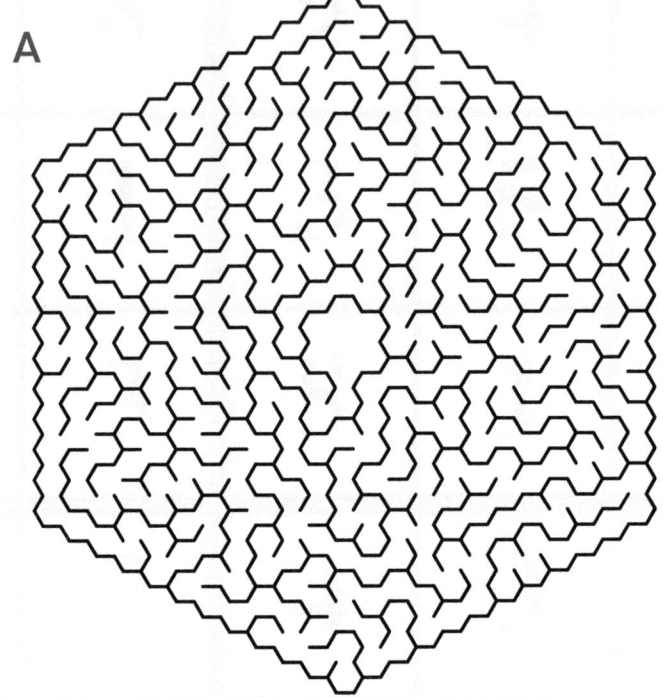

B

MEDIUM

	2		6	3				1
	7		1				4	9
	5	1		7		6		
						4		6
			7	8	4			
7		4						
		5		1		8	9	
1	9				7		5	
2				5	3		6	

A — MEDIUM

					7		5	
			3	2				7
1					8		2	
	8	6		3	5		4	
		1	4		6	2		
	4		9	8		3	6	
	1		5					9
2				9	3			
	7		8					

B — MEDIUM

		3					8	
	1	8		4		6		3
				3			9	
	8				4	3		1
		1	8		6	7		
7		2	9				6	
	3			9				
2		4		6		9	5	
	6					2		

APR 2019

MO	DI	MI	DO	FR	SA	SO
1	2	3	4	5	6	7
8	9	10	11	12	13	14
15	16	17	18	19	20	21
22	23	24	25	26	27	28
29	30					

MAI

MONTAG	DIENSTAG	MITTWOCH
29	30	1 Tag der Arbeit
6	7	8
13	14	15
20	21	22
27	28	29

JUN 2019

MO	DI	MI	DO	FR	SA	SO
					1	2
3	4	5	6	7	8	9
10	11	12	13	14	15	16
17	18	19	20	21	22	23
24	25	26	27	28	29	30

DONNERSTAG	FREITAG	SAMSTAG	SONNTAG
2	3	4	5
9	10	11	12 Muttertag
16	17	18	19
23	24	25	26
30 Vatertag Christi Himmelfahrt	31	1	2

O	J	O	G	G	E	N	S	T	A	N	Z	E	N
D	N	G	V	V	L	J	I	U	A	R	P	L	Q
P	B	A	S	K	E	T	B	A	L	L	O	L	G
G	F	S	F	E	N	F	E	K	J	G	H	P	T
T	E	N	N	I	S	K	F	I	T	N	E	S	S
F	B	K	K	Q	W	J	O	M	U	F	P	Z	E
H	A	N	D	B	A	L	L	V	U	Y	Y	H	N
D	S	W	W	B	G	Y	F	Q	R	A	P	O	F
S	C	H	W	I	M	M	E	N	E	E	T	G	P
O	O	Q	G	H	X	G	U	R	I	Q	G	O	C
V	D	F	U	S	S	B	A	L	L	R	L	J	L
W	Y	E	U	L	M	N	D	D	X	G	B	M	G
W	W	U	Y	V	O	L	L	E	Y	B	A	L	L
A	K	M	G	E	Y	D	V	V	K	Y	J	C	T

Diese Wörter sind versteckt:

1 FUSSBALL **2** TENNIS **3** SCHWIMMEN

4 TANZEN **5** JOGGEN **6** FITNESS

7 BASKETBALL **8** VOLLEYBALL **9** HANDBALL

A

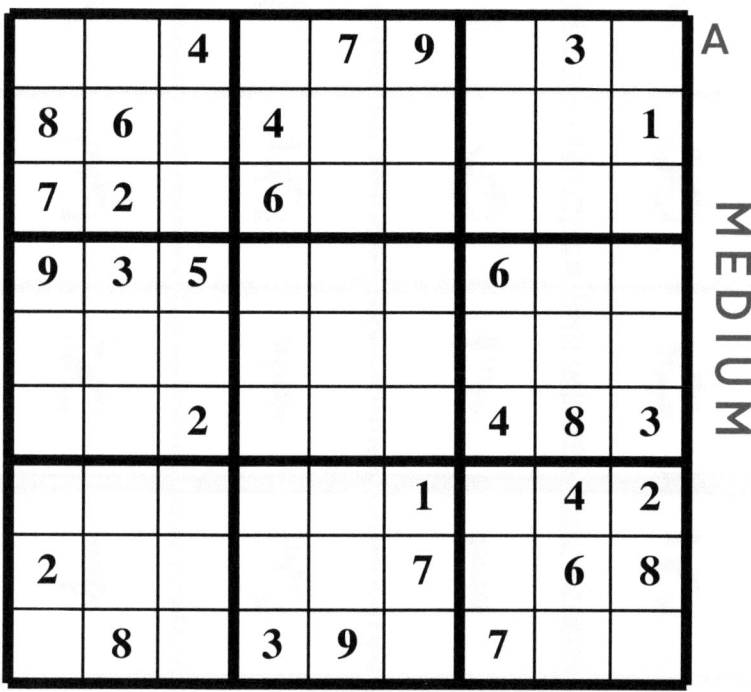

B

A

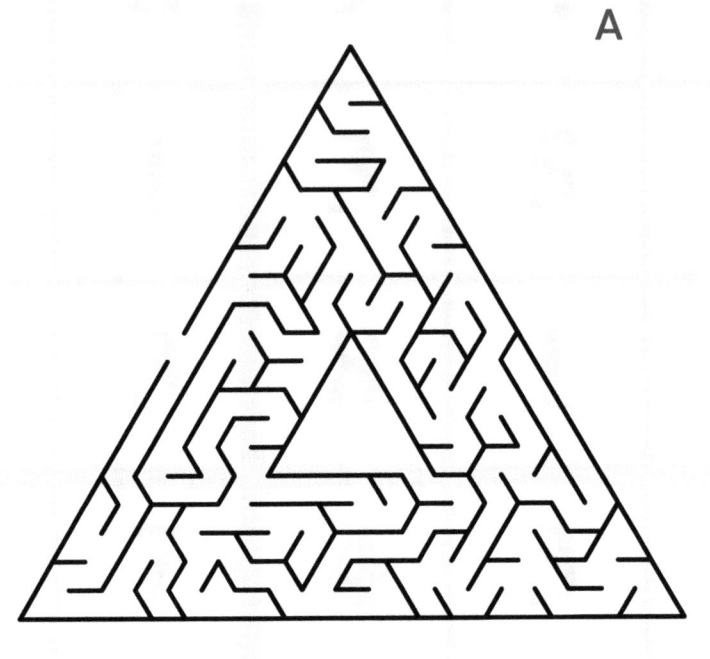

B

MEDIUM

			8		4	1		
		9						7
4			5		9		3	6
8					3	4	7	
	4						1	
	9	3	7					2
2	3		9		1			8
6						2		
		7	4		2			

A — MEDIUM

	4				7	6	2	5
	9					8		
		6		2				3
		5			4		9	
7	1			9			4	6
	3		2			5		
1			8			4		
		4					3	
5	2	8	7				6	

B — MEDIUM

	1				3	8		
2		6			5	9		3
9			6					7
	9			5		4		
4								6
		1		4			7	
1					2			9
6		9	5			7		1
		8	4				2	

JUNI

MONTAG	DIENSTAG	MITTWOCH

27	28	29
3	4	5
10	11	12
Pfingstmontag		
17	18	19
24	25	26

JUL 2019

MO DI MI DO FR SA SO

1 2 3 4 5 6 7
8 9 10 11 12 13 14
15 16 17 18 19 20 21
22 23 24 25 26 27 28
29 30 31

2019

DONNERSTAG	FREITAG	SAMSTAG	SONNTAG
30	31	1	2
6	7	8	9
			Pfingstsonntag
13	14	15	16
20	21	22	23
Fronleichnam			
27	28	29	30

A

MEDIUM

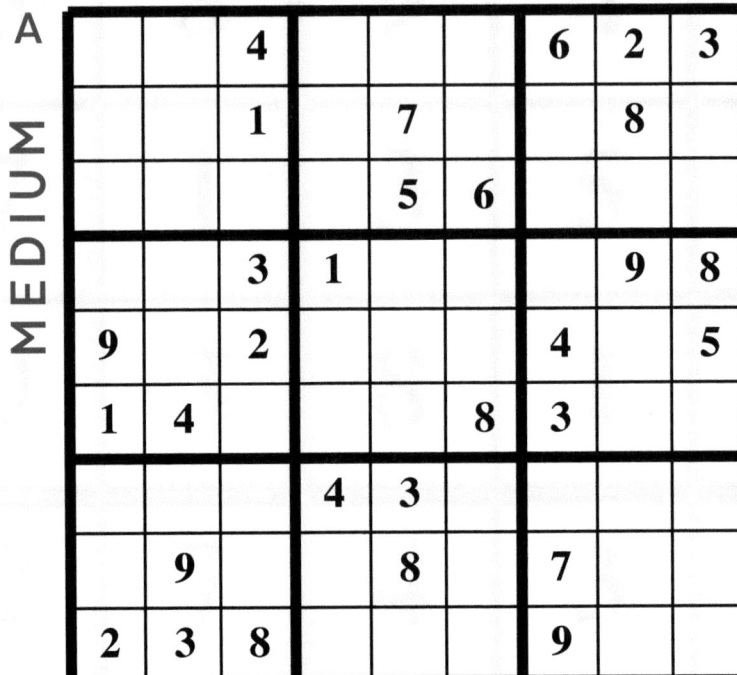

B

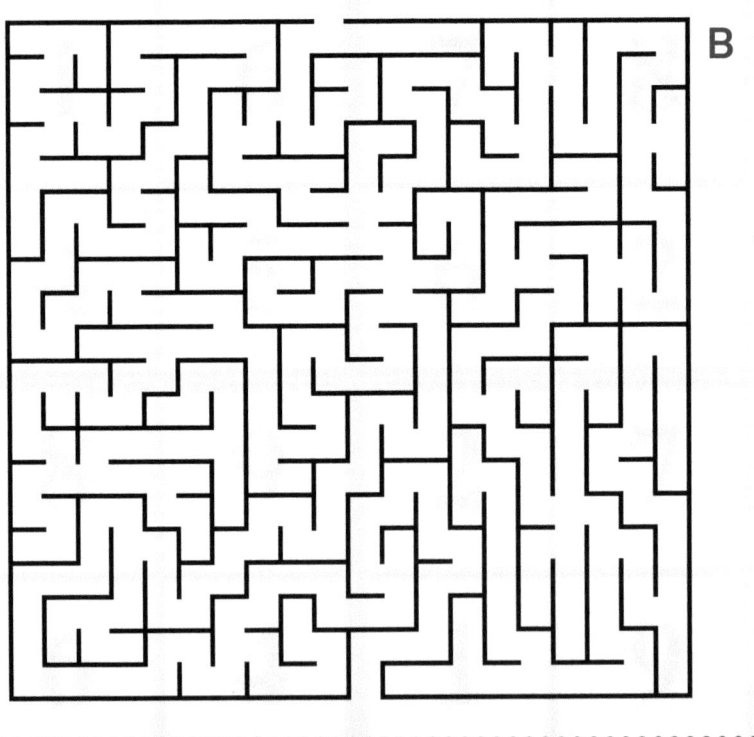

A — MEDIUM

4				1	7			9
9							5	
		7	2	9				4
		5			6		8	
2	1						6	3
	8		9			5		
1				8	4	2		
	9							6
6			1	5				8

B — MEDIUM

	9	6		7			4	
1								
		7	6				8	9
	1	5		2			7	3
			9		1			
4	3			8		6	9	
8	2				7	9		
								8
	5			1		7	3	

A

SCHWER

			1				5	4
9		2		6	5	1		3
1					3			
		9		5				8
		4				9		
2				1		5		
			4					2
8		6	5	9		4		1
4	3				1			

B

SCHWER

6			7			5		
1			6	2	8		7	
7	8							
		1		8			5	
5	3			7			2	9
	6			4		1		
							9	5
	1		8	5	9			6
		5			4			2

A

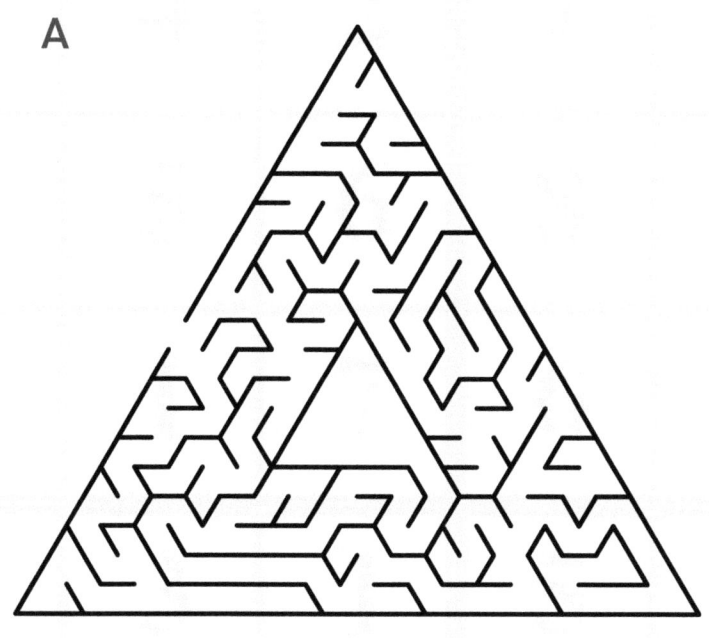

B

SCHWER

2			4				1	5
	7			2		4		
		3			7			
5	2				6	1		3
3								4
4		8	3				7	6
			8			6		
		4		7			5	
7	8				9			1

JUN 2019

MO DI MI DO FR SA SO
					1	2
3	4	5	6	7	8	9
10	11	12	13	14	15	16
17	18	19	20	21	22	23
24	25	26	27	28	29	30

···················· JULI ····················

MONTAG	DIENSTAG	MITTWOCH
1	2	3
8	9	10
15	16	17
22	23	24
29	30	31

AUG 2019

MO DI MI DO FR SA SO
			1	2	3	4
5	6	7	8	9	10	11
12	13	14	15	16	17	18
19	20	21	22	23	24	25
26	27	28	29	30	31	

2019

DONNERSTAG	FREITAG	SAMSTAG	SONNTAG
4	5	6	7
11	12	13	14
18	19	20	21
25	26	27	28
1	2	3	4

A — EINFACH

	2		1				3	8
		8	4		2		7	6
			6				4	
	8					6		7
5				6				9
4		9					5	
	5				6			
1	4		5		8	3		
2	9				3		1	

B — EINFACH

		4	7					
3			8			6	5	
		5	3			9	8	
			6	2			4	8
4								1
8	7			3	1			
	3	2			5	8		
	5	9			8			6
					3	5		

A

EINFACH

5				6			9	
9			2				4	
				5		6		
6		1			4		2	
4	2		9	8	7		5	6
	5		1			9		4
		5		1				
	7				3			5
	1			9				7

B

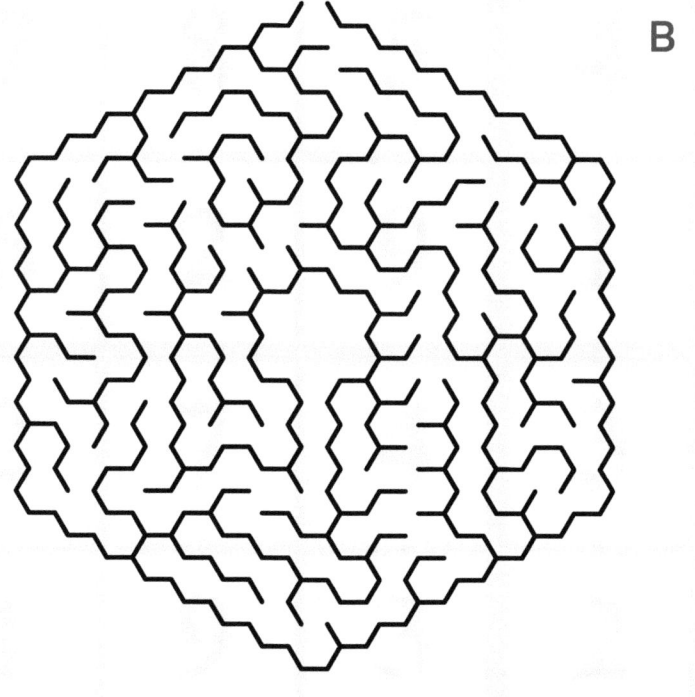

A

B

SCHWER

	3					2	1	
8	4		6	2				
	2	9				4		
	1			4				5
	5	4				7	2	
9				3			6	
		3				6	9	
				1	2		4	7
	9	2					8	

A — SCHWER

4			3					9
6		9	2		5	4		1
							6	
	6	1			4	8		2
8		2	6			5	9	
	7							
5		4	9		1	7		8
1					2			6

B — SCHWER

	9				7	6		
		6		5			9	
3					9		4	7
	4		5			7		
		3	7	1	2	5		
		2			6		1	
4	2		6					1
	1			4		2		
		7	9				5	

AUGUST

MONTAG	DIENSTAG	MITTWOCH

29	30	31
5	6	7
12	13	14
19	20	21
26	27	28

SEPT 2019

MO DI MI DO FR SA SO
                  1
2 3 4 5 6 7 8
9 10 11 12 13 14 15
16 17 18 19 20 21 22
23 24 25 26 27 28 29
30

2019

DONNERSTAG	FREITAG	SAMSTAG	SONNTAG
1	2	3	4
8	9	10	11
Augsburger Friedensfest			
15	16	17	18
Mariä Himmelfahrt			
22	23	24	25
29	30	31	1

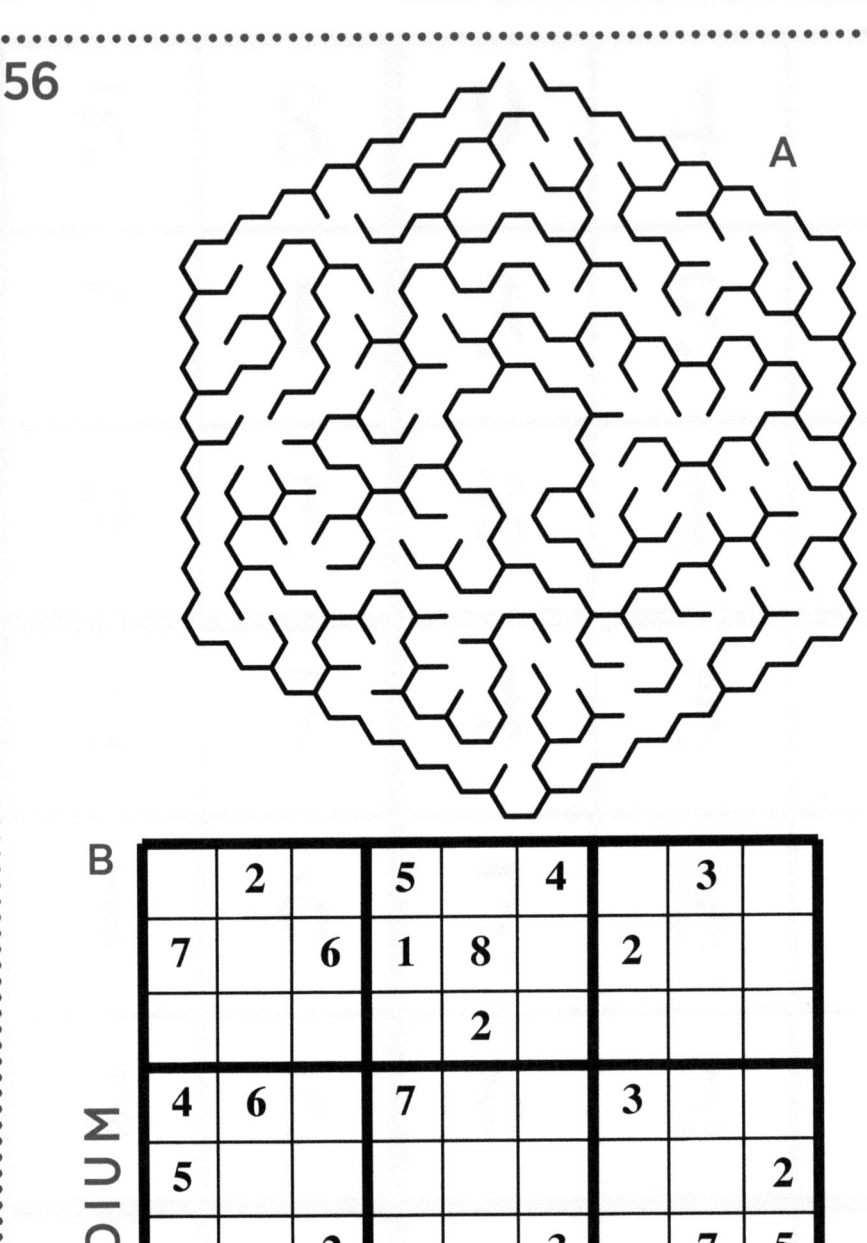

A

B

MEDIUM

	2		5		4		3	
7		6	1	8		2		
				2				
4	6		7			3		
5								2
		2			3		7	5
				6				
		4		3	7	8		9
	1		8		5		6	

A

R	S	T	I	S	C	H	M	D	R	U	X
Y	F	Q	E	R	N	H	E	P	B	B	U
L	T	K	I	S	S	E	N	Q	O	U	L
O	B	P	R	I	H	F	V	Y	Q	C	E
X	B	L	X	B	R	U	G	J	B	H	S
F	E	J	S	U	C	J	D	M	T	Q	R
E	T	W	T	S	S	X	E	C	P	C	R
F	T	O	U	L	O	Y	C	J	O	T	L
H	E	J	H	L	F	R	K	D	Q	X	A
H	T	I	L	N	A	L	E	H	E	F	M
C	U	R	A	Z	O	A	W	R	F	D	P
L	Y	P	L	Q	A	I	L	C	I	R	E

Diese Wörter sind versteckt:

1 SOFA

2 STUHL

3 BETT

4 LAMPE

5 DECKE

6 KISSEN

7 BUCH

8 TISCH

A — EINFACH

	9				4			
5	7				1	6		9
2							8	1
		1	4			7	2	
			5		6			
	4	3			9	8		
4	8							7
7		5	6				4	3
			9				5	

B — EINFACH

	7		3				6	
1		3		2		5		
			9			8		1
				8			4	6
5			7		1			2
8	1			6				
4		5			8			
		1		5		6		8
	8				2		7	

A

		7			1	6		2
		5					3	
8				2	7	1		5
6	4							
	7		5	8	6		4	
							2	6
2		8	6	1				3
	6					2		
7		3	8			5		

EINFACH

B

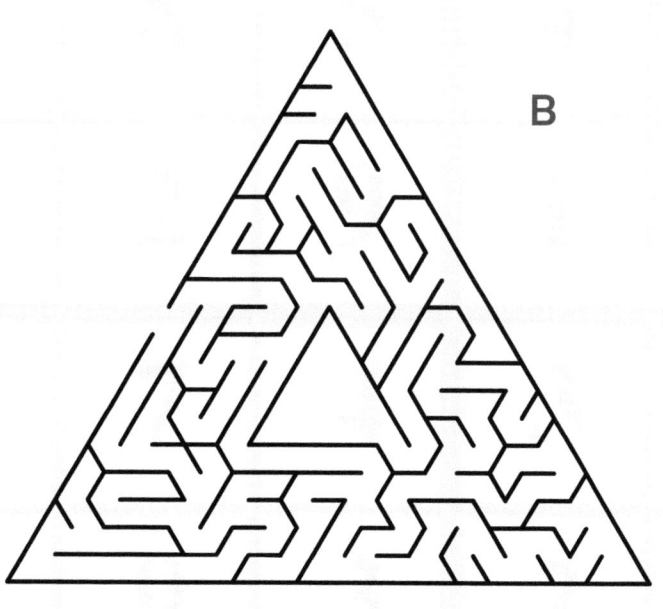

SEPTEMBER

MONTAG	DIENSTAG	MITTWOCH
26	27	28
2	3	4
9	10	11
16	17	18
23	24	25
30	1	2

2019

DONNERSTAG	FREITAG	SAMSTAG	SONNTAG
29	30	31	1
5	6	7	8
12	13	14	15
19	20	21	22
26	27	28	29
3	4	5	6

A

MEDIUM

				8	2	3		
	3		5	1	9	6	8	7
	9		3				5	
							9	
7				2				5
	6							
	4				3		7	
2	8	9	7	6	1		3	
		6	8	5				

B

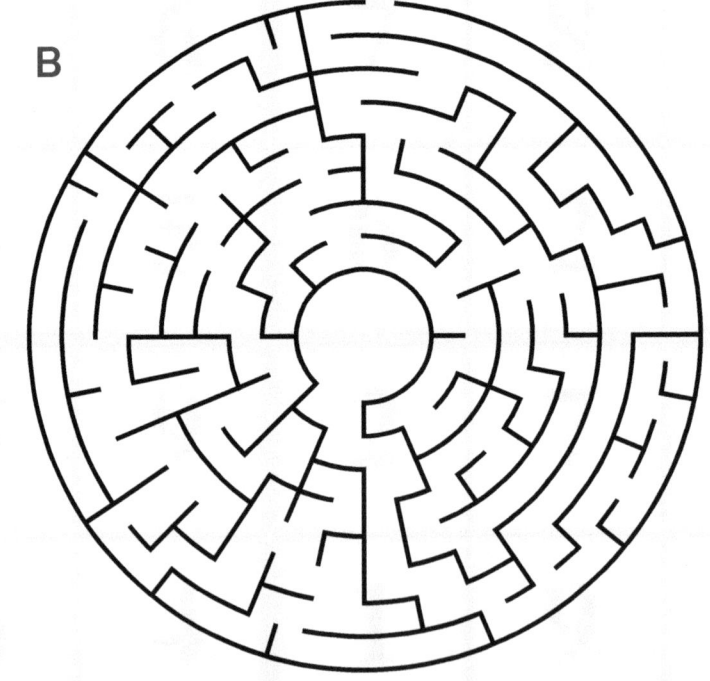

A — MEDIUM

2								6
8			3			4	7	
	4		6	2	9		8	
7		4	9			2		
		6			8	1		7
	9		1	6	3		2	
	2	8			5			1
3								9

B — MEDIUM

	2		3			6		7
	1	5		6		4		
	7			5			9	
3	8			2				5
5				8			2	1
	3			9			1	
		9		3		5	7	
2		6			7		3	

A

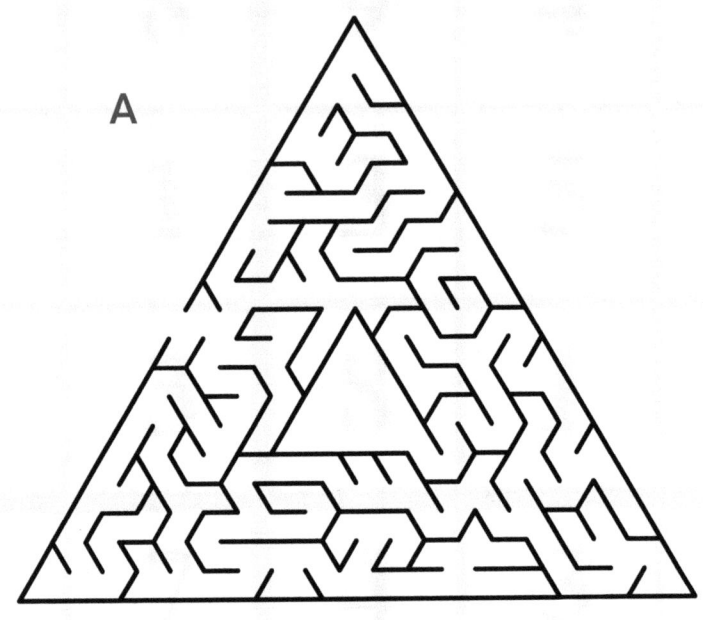

					2	7	1	
	7				5			4
	4				8		9	2
8	5			2		9		3
3		7		9			5	8
6	8		2				4	
4			5				2	
	2	9	6					

K	C	W	W	L	E	R	N	E	N	K	W	Q
I	M	S	E	W	N	N	I	R	A	C	P	R
N	T	X	S	P	I	E	L	E	N	H	X	F
D	E	I	H	H	S	N	I	U	W	W	W	R
E	P	T	P	U	S	C	H	U	L	H	O	F
R	S	L	P	C	O	E	W	W	K	K	N	I
Y	X	E	D	U	U	G	R	C	K	R	U	G
F	R	E	U	N	D	E	J	S	K	G	W	R
D	J	R	C	R	L	H	B	V	P	U	V	J
L	D	E	X	E	F	H	J	N	N	C	H	C
Z	K	I	N	D	E	R	G	A	R	T	E	N
G	W	I	H	X	E	V	L	L	J	L	H	J
S	C	H	U	L	E	D	L	E	H	R	E	R

Diese Wörter sind versteckt:

1 KINDERGARTEN   2 SCHULE   3 SPIELEN

4 KINDER   5 LEHRER   6 LERNEN

7 SCHULHOF   8 FREUNDE

SEPT 2019

MO DI MI DO FR SA SO
						1
2	3	4	5	6	7	8
9	10	11	12	13	14	15
16	17	18	19	20	21	22
23	24	25	26	27	28	29
30						

OKTOBER

MONTAG	DIENSTAG	MITTWOCH
30	1	2
7	8	9
14	15	16
21	22	23
28	29	30

NOV 2019

MO DI MI DO FR SA SO
				1	2	3
4	5	6	7	8	9	10
11	12	13	14	15	16	17
18	19	20	21	22	23	24
25	26	27	28	29	30	

2019

DONNERSTAG	FREITAG	SAMSTAG	SONNTAG
3	4	5	6
Tag der deutschen Einheit			Erntedankfest
10	11	12	13
17	18	19	20
24	25	26	27
			Beginn Winterzeit
31	1	2	3
Reformationstag Helloween			

A

SEHR SCHWER

4		3		6	7	1		
			3		4			
	9	2						6
			5	8		3		4
	5			4			1	
8		6		7	3			
1						7	4	
			7		1			
		8	4	3		2		1

B

SEHR SCHWER

			8					
			4				5	2
1		9			6	4	3	
	3		6			2		
7		2	1	3	8	5		6
		5		9			8	
	2	6	4			8		1
9	8			1				
				2				

A

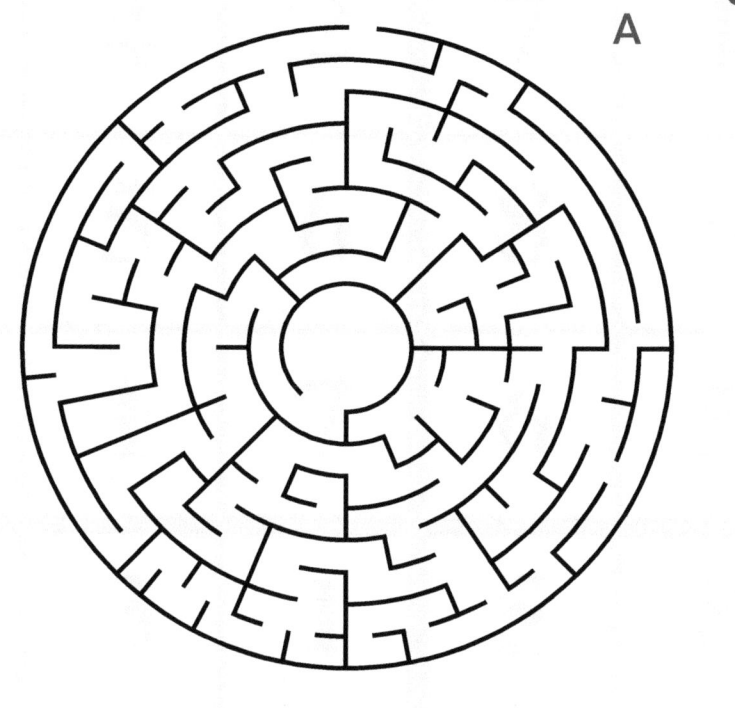

B

SEHR SCHWER

3					9	2		
		5	8	2				
		8		6		9		3
5					4	3		7
	8						2	
7		6	9					4
8		7		4		6		
				9	6	7		
		9	2					5

A

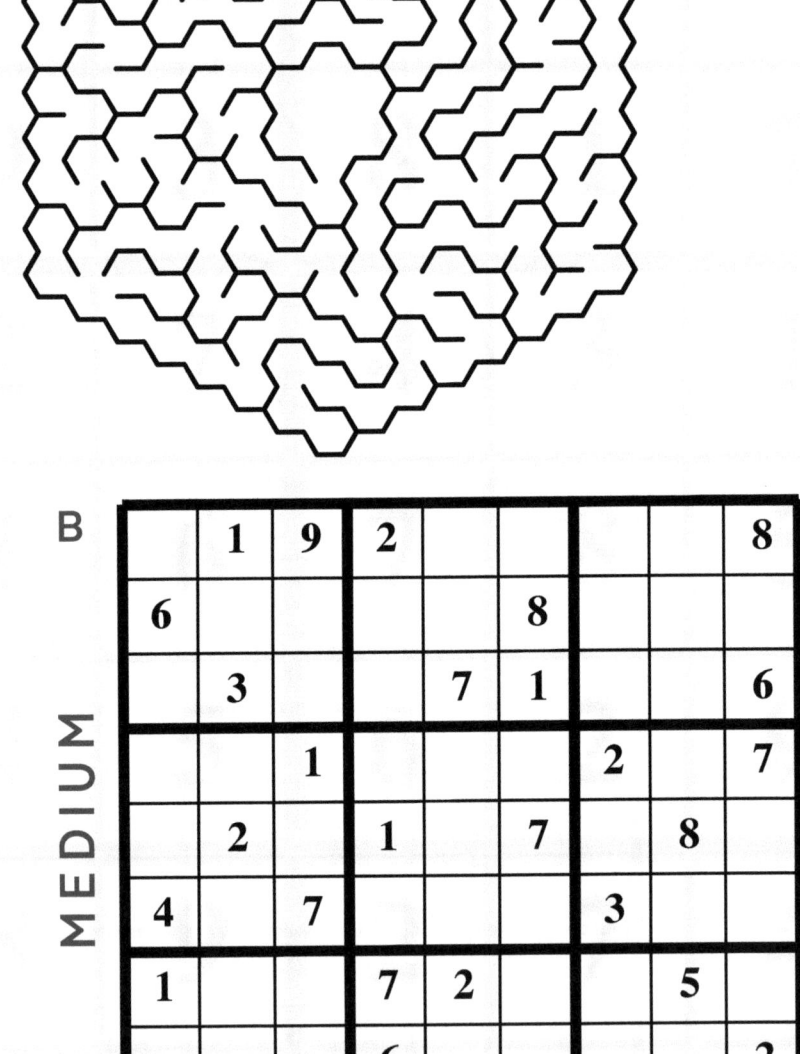

B

MEDIUM

	1	9	2					8
6					8			
	3			7	1			6
		1				2		7
	2		1		7		8	
4		7				3		
1			7	2			5	
			6					2
7					4	1	9	

A MEDIUM

	3				9		5	
7		9		4				
4		2	6	3	7			
	8					9		
5	2						3	1
		3					2	
			9	5	6	4		3
				1		5		6
	6		3				7	

B MEDIUM

6	1						2	
	7		4					9
		5			9	6		
8			9				6	7
		6	2		3	8		
3	5				8			1
		3	7			4		
5					4		1	
	4						8	2

OKT 2019

MO DI MI DO FR SA SO

		1	2	3	4	5	6
7	8	9	10	11	12	13
14	15	16	17	18	19	20
21	22	23	24	25	26	27
28	29	30	31

NOVEMBER

MONTAG	DIENSTAG	MITTWOCH
28	29	30
4	5	6
11	12	13
Martinstag		
18	19	20
		Buß- und Bettag
25	26	27

DEZ 2019

MO DI MI DO FR SA SO

						1
2	3	4	5	6	7	8
9	10	11	12	13	14	15
16	17	18	19	20	21	22
23	24	25	26	27	28	29
30	31

2019

DONNERSTAG	FREITAG	SAMSTAG	SONNTAG
31	1	2	3
	Allerheiligen	Allerseelen	
7	8	9	10
14	15	16	17
			Volkstrauertag
21	22	23	24
			Totensonntag
28	29	30	1

A

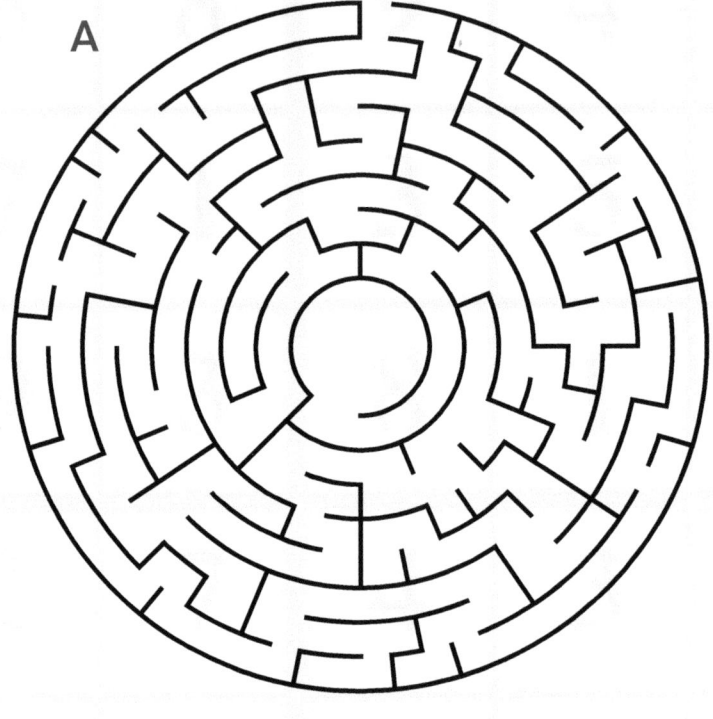

B

EINFACH

5			3		2			6
2					5		3	
1		3					9	
8			1	2		9		
		2				4		
		7		9	6			8
	8					3		9
	3		5					7
7			6		4			5

U	E	N	Q	N	C	G	B	L	U	M	E
P	O	L	L	P	D	I	L	B	S	N	I
T	B	R	W	S	O	G	L	K	X	G	U
U	W	Q	J	O	N	W	I	R	C	S	G
E	O	U	W	M	V	A	A	F	F	H	A
H	P	G	H	M	W	S	K	C	F	B	R
E	T	R	W	E	J	S	I	S	A	G	T
S	U	I	D	R	V	E	Z	D	M	D	E
S	Y	L	E	D	I	R	J	E	I	N	N
E	B	L	I	L	R	H	D	V	L	M	R
N	J	E	F	N	K	Q	D	C	I	B	S
O	D	N	B	B	A	L	L	O	E	C	K

Diese Wörter sind versteckt:

1 BLUME

2 GARTEN

3 SOMMER

4 GRILLEN

5 WASSER

6 BALL

7 ESSEN

8 FAMILIE

A

B

MEDIUM

								9
8	9					3		6
6					3	8	1	
	8	7	6	3				
2	3			9			6	8
				2	8	5	4	
	6	8	2					5
3		4					8	7
5								

A — MEDIUM

		5		8		4		
6		7					9	5
2						6		8
9			8		1	2		4
5		8	7		6			3
3		1						9
7	5					3		1
		2		6		5		

B — MEDIUM

					7	3		9
6				2	8			
			5			2		
		6	3		2	7	1	
3		1				9		8
	8	5	1		9	6		
		3			6			
			9	3				7
4		7	2					

DEZEMBER

MONTAG	DIENSTAG	MITTWOCH
25	26	27
2	3	4
9	10	11
16	17	18
23	24 Heiligabend	25 1. Weihnachtstag
30	31 Silvester	1

JAN 2020
MO DI MI DO FR SA SO
		1	2	3	4	5
6	7	8	9	10	11	12
13	14	15	16	17	18	19
20	21	22	23	24	25	26
27	28	29	30	31		

2019

DONNERSTAG	FREITAG	SAMSTAG	SONNTAG
28	29	30	1
5	6	7	8
	Nikolaus		
12	13	14	15
19	20	21	22
26	27	28	29
2. Weihnachtstag			
2	3	4	5

A

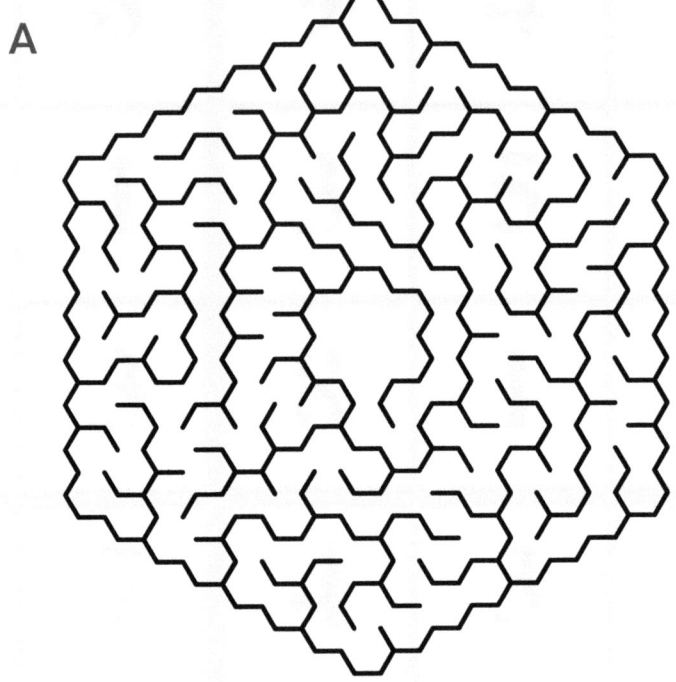

B

	1			5	4			7
		6	7	2		4		
4			1			2	5	
					2			
	7	1				8	9	
			6					
	6	8			3			9
		9		7	6	5		
7			8	9			4	

A — SEHR SCHWER

					9			6
			5	4			2	3
	8		2		6	5	4	
4						2	5	
1								8
	7	8						4
	1	5	9		4		3	
7	9			2	3			
8			1					

B — SEHR SCHWER

	5				2			
3	6		5				4	2
2		7	4					6
6	9				4			
		5				9		
			9				7	5
7					5	1		3
5	3				1		6	7
			6				5	

A — MEDIUM

5		6		2		1	9	
	1		6					
	7			1				3
				3	2	4		9
	8						5	
3		4	8	5				
7				8			3	
					5		7	
	3	9		4		8		5

B — MEDIUM

					1			7
	9		3		2		1	
				7		3	2	
	2		1			6		9
8		3				7		2
9		5			3		8	
	3	8		1				
	7		2		9		4	
6			8					

A

MEDIUM

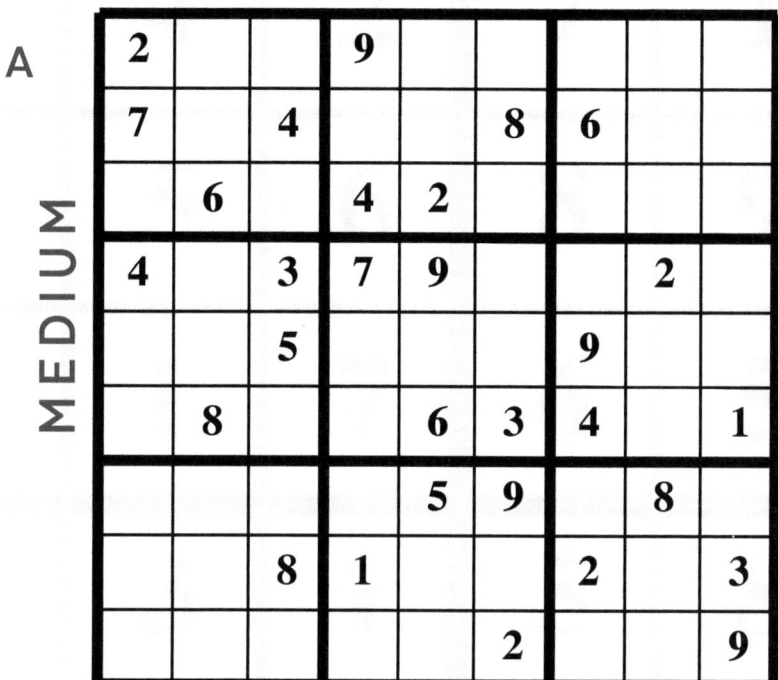

B

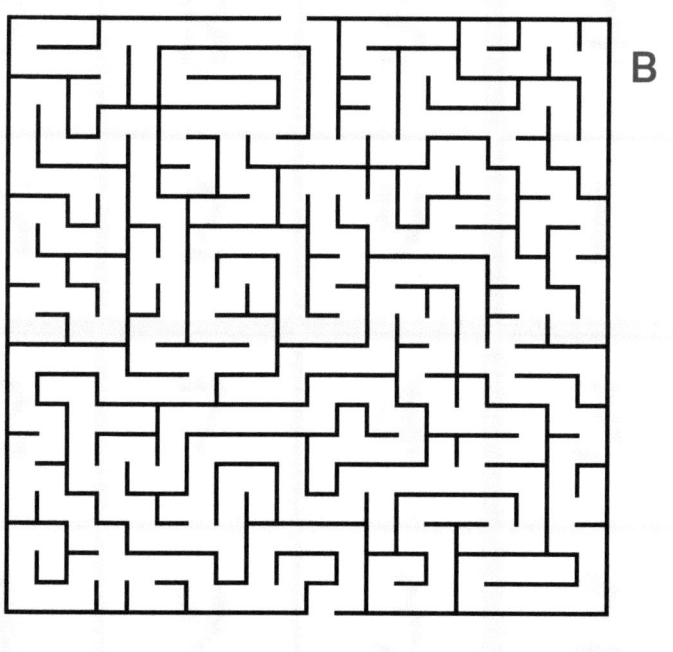

NOTIZEN

JAN 2020

MO	DI	MI	DO	FR	SA	SO
		1	2	3	4	5
6	7	8	9	10	11	12
13	14	15	16	17	18	19
20	21	22	23	24	25	26
27	28	29	30	31		

FEB 2020

MO	DI	MI	DO	FR	SA	SO
					1	2
3	4	5	6	7	8	9
10	11	12	13	14	15	16
17	18	19	20	21	22	23
24	25	26	27	28	29	

MÄR 2020

MO	DI	MI	DO	FR	SA	SO
						1
2	3	4	5	6	7	8
9	10	11	12	13	14	15
16	17	18	19	20	21	22
23	24	25	26	27	28	29
30	31					

APR 2020

MO	DI	MI	DO	FR	SA	SO
		1	2	3	4	5
6	7	8	9	10	11	12
13	14	15	16	17	18	19
20	21	22	23	24	25	26
27	28	29	30			

MAI 2020

MO	DI	MI	DO	FR	SA	SO
				1	2	3
4	5	6	7	8	9	10
11	12	13	14	15	16	17
18	19	20	21	22	23	24
25	26	27	28	29	30	31

JUN 2020

MO	DI	MI	DO	FR	SA	SO
1	2	3	4	5	6	7
8	9	10	11	12	13	14
15	16	17	18	19	20	21
22	23	24	25	26	27	28
29	30					

JUL 2020

MO	DI	MI	DO	FR	SA	SO
		1	2	3	4	5
6	7	8	9	10	11	12
13	14	15	16	17	18	19
20	21	22	23	24	25	26
27	28	29	30	31		

AUG 2020

MO	DI	MI	DO	FR	SA	SO
					1	2
3	4	5	6	7	8	9
10	11	12	13	14	15	16
17	18	19	20	21	22	23
24	25	26	27	28	29	30
31						

SEPT 2020

MO	DI	MI	DO	FR	SA	SO
	1	2	3	4	5	6
7	8	9	10	11	12	13
14	15	16	17	18	19	20
21	22	23	24	25	26	27
28	29	30				

OKT 2020

MO	DI	MI	DO	FR	SA	SO
			1	2	3	4
5	6	7	8	9	10	11
12	13	14	15	16	17	18
19	20	21	22	23	24	25
26	27	28	29	30	31	

NOV 2020

MO	DI	MI	DO	FR	SA	SO
						1
2	3	4	5	6	7	8
9	10	11	12	13	14	15
16	17	18	19	20	21	22
23	24	25	26	27	28	29
30						

DEZ 2020

MO	DI	MI	DO	FR	SA	SO
	1	2	3	4	5	6
7	8	9	10	11	12	13
14	15	16	17	18	19	20
21	22	23	24	25	26	27
28	29	30	31			

LÖSUNGEN

SEITE 14

A

5	6	9	7	1	3	2	4	8
8	1	4	9	5	2	6	7	3
7	2	3	8	6	4	5	9	1
4	9	5	2	7	8	3	1	6
2	3	7	1	4	6	8	5	9
1	8	6	3	9	5	7	2	4
9	5	1	6	3	7	4	8	2
3	4	8	5	2	1	9	6	7
6	7	2	4	8	9	1	3	5

B

SEITE 15

A

B

1	7	8	5	9	3	2	4	6
9	2	5	4	6	8	1	7	3
6	3	4	2	7	1	9	8	5
5	1	7	6	2	9	8	3	4
2	4	6	8	3	7	5	1	9
3	8	9	1	5	4	6	2	7
8	9	2	7	4	5	3	6	1
4	6	3	9	1	2	7	5	8
7	5	1	3	8	6	4	9	2

SEITE 16

SEITE 17

A

8	4	7	6	5	9	2	1	3
9	3	1	2	7	4	6	8	5
2	5	6	1	3	8	4	7	9
6	2	8	4	9	7	3	5	1
4	7	9	5	1	3	8	6	2
5	1	3	8	2	6	9	4	7
7	8	2	3	6	5	1	9	4
1	9	4	7	8	2	5	3	6
3	6	5	9	4	1	7	2	8

B

3	2	5	4	7	9	6	8	1
9	4	7	8	6	1	2	3	5
6	8	1	2	3	5	9	4	7
4	9	2	1	5	7	3	6	8
1	5	8	3	2	6	4	7	9
7	6	3	9	8	4	5	1	2
2	3	4	7	9	8	1	5	6
8	1	6	5	4	2	7	9	3
5	7	9	6	1	3	8	2	4

SEITE 20

A

B

1	8	4	2	9	7	5	6	3
5	7	6	3	1	4	9	2	8
9	3	2	6	8	5	4	7	1
7	4	5	9	3	1	2	8	6
8	6	3	5	4	2	1	9	7
2	1	9	8	7	6	3	4	5
4	2	7	1	6	3	8	5	9
3	5	8	7	2	9	6	1	4
6	9	1	4	5	8	7	3	2

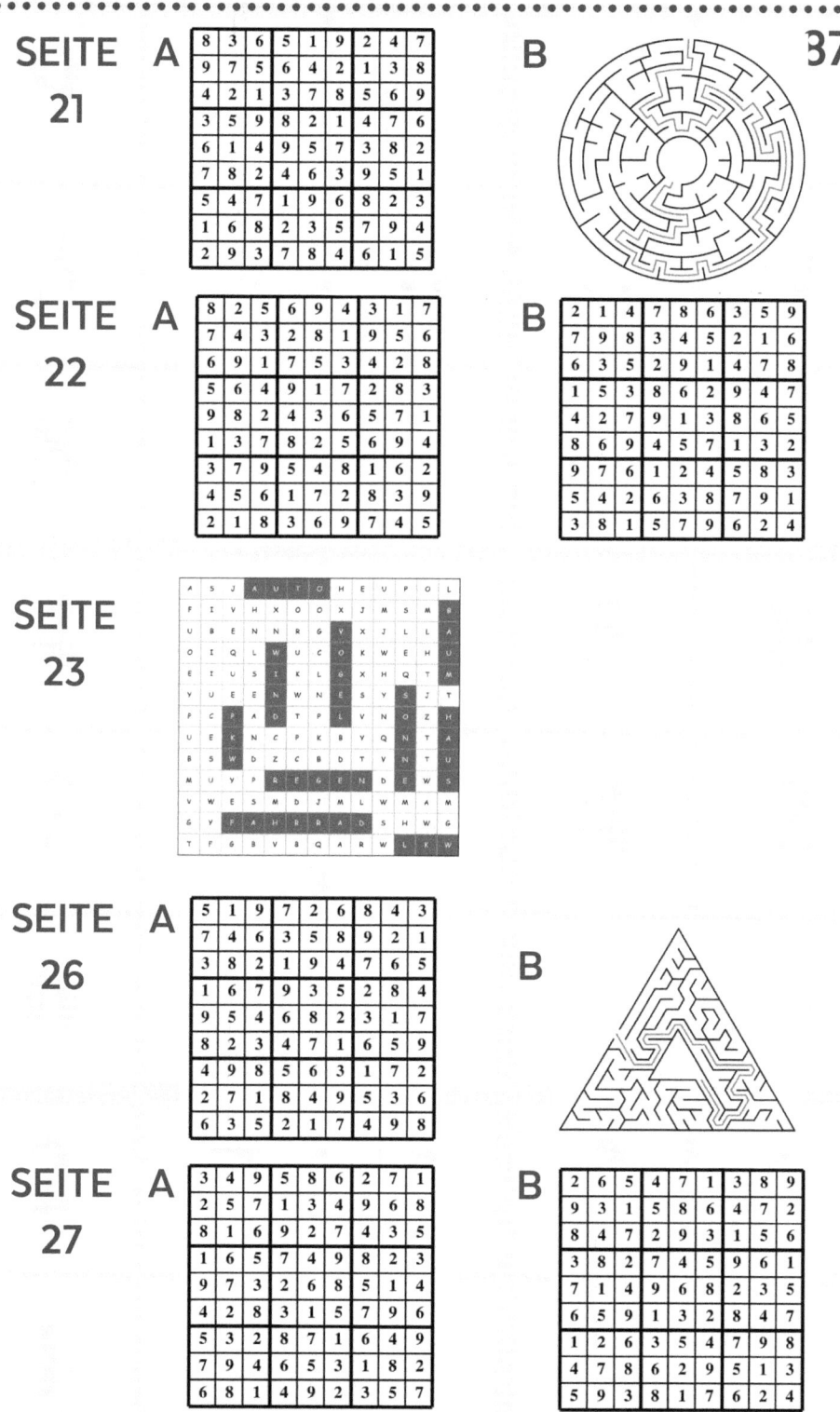

SEITE 21 — A, B

SEITE 22 — A, B

SEITE 23

SEITE 26 — A, B

SEITE 27 — A, B

SEITE 28

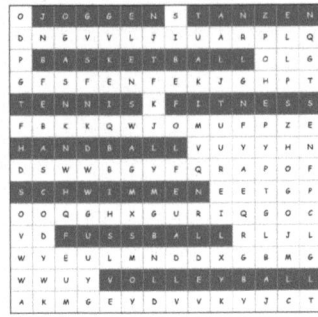

SEITE 29   A

B

9	3	5	1	8	6	4	7	2
4	7	1	2	3	5	8	9	6
6	2	8	9	7	4	1	5	3
1	8	9	4	6	3	7	2	5
5	6	7	8	1	2	9	3	4
2	4	3	5	9	7	6	1	8
8	1	6	3	5	9	2	4	7
3	9	4	7	2	8	5	6	1
7	5	2	6	4	1	3	8	9

SEITE 32   A

6	5	7	2	4	3	8	9	1
8	9	2	5	7	1	4	3	6
4	3	1	8	6	9	2	7	5
3	1	5	9	2	4	7	6	8
7	2	8	1	5	6	9	4	3
9	6	4	3	8	7	1	5	2
1	7	9	6	3	2	5	8	4
5	4	6	7	1	8	3	2	9
2	8	3	4	9	5	6	1	7

B

1	8	4	9	2	3	7	6	5
3	6	7	4	5	8	2	9	1
2	9	5	1	6	7	3	4	8
6	4	3	8	1	2	9	5	7
5	7	1	3	9	6	4	8	2
9	2	8	5	7	4	6	1	3
4	1	6	2	3	5	8	7	9
8	3	9	7	4	1	5	2	6
7	5	2	6	8	9	1	3	4

SEITE 33   A

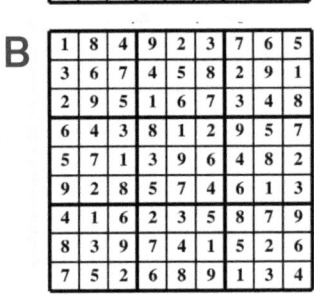

B

3	4	6	1	2	8	9	5	7
9	8	7	6	4	5	1	3	2
5	2	1	9	7	3	4	6	8
1	9	3	5	8	4	7	2	6
8	7	2	3	6	1	5	9	4
6	5	4	2	9	7	8	1	3
4	3	9	8	5	6	2	7	1
7	6	5	4	1	2	3	8	9
2	1	8	7	3	9	6	4	5

SEITE 34   A

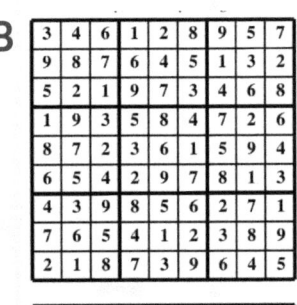

B

4	2	9	6	3	5	7	8	1
6	7	3	1	2	8	5	4	9
8	5	1	4	7	9	6	3	2
5	1	8	3	9	2	4	7	6
9	6	2	7	8	4	3	1	5
7	3	4	5	6	1	9	2	8
3	4	5	2	1	6	8	9	7
1	9	6	8	4	7	2	5	3
2	8	7	9	5	3	1	6	4

SEITE 35

A

8	2	3	1	4	7	9	5	6
4	6	5	3	2	9	1	8	7
1	9	7	6	5	8	4	2	3
9	8	6	2	3	5	7	4	1
5	3	1	4	7	6	2	9	8
7	4	2	9	8	1	3	6	5
3	1	4	5	6	2	8	7	9
2	5	8	7	9	3	6	1	4
6	7	9	8	1	4	5	3	2

B

4	9	3	6	5	7	1	8	2
5	1	8	2	4	9	6	7	3
6	2	7	1	3	8	5	9	4
9	8	6	5	7	4	3	2	1
3	5	1	8	2	6	7	4	9
7	4	2	9	1	3	8	6	5
8	3	5	7	9	2	4	1	6
2	7	4	3	6	1	9	5	8
1	6	9	4	8	5	2	3	7

SEITE 38

A

4	2	8	7	6	9	3	5	1
9	6	1	4	3	5	8	7	2
3	7	5	8	1	2	9	6	4
2	5	3	9	7	1	6	4	8
7	8	6	2	5	4	1	3	9
1	9	4	6	8	3	5	2	7
5	1	7	3	2	8	4	9	6
8	4	2	5	9	6	7	1	3
6	3	9	1	4	7	2	8	5

B

3	1	2	8	5	4	6	9	7
7	6	8	2	9	1	3	5	4
5	9	4	6	3	7	1	8	2
1	8	7	9	6	2	4	3	5
6	5	9	4	8	3	2	7	1
2	4	3	1	7	5	9	6	8
8	2	5	3	4	9	7	1	6
4	3	6	7	1	8	5	2	9
9	7	1	5	2	6	8	4	3

SEITE 39

A

5	1	4	2	7	9	8	3	6
8	6	9	4	3	5	2	7	1
7	2	3	6	1	8	5	9	4
9	3	5	1	8	4	6	2	7
6	4	8	7	2	3	1	5	9
1	7	2	9	5	6	4	8	3
3	5	7	8	6	1	9	4	2
2	9	1	5	4	7	3	6	8
4	8	6	3	9	2	7	1	5

B

SEITE 40

A

B

5	7	6	8	3	4	1	2	9
3	8	9	2	1	6	5	4	7
4	2	1	5	7	9	8	3	6
8	6	2	1	9	3	4	7	5
7	4	5	6	2	8	9	1	3
1	9	3	7	4	5	6	8	2
2	3	4	9	6	1	7	5	8
6	1	8	3	5	7	2	9	4
9	5	7	4	8	2	3	6	1

SEITE 41

A

3	4	1	9	8	7	6	2	5
2	9	7	3	6	5	8	1	4
8	5	6	4	1	2	9	7	3
6	8	5	1	3	4	7	9	2
7	1	2	5	9	8	3	4	6
4	3	9	2	7	6	5	8	1
1	6	3	8	2	9	4	5	7
9	7	4	6	5	1	2	3	8
5	2	8	7	4	3	1	6	9

B

5	1	7	9	2	3	8	6	4
2	4	6	8	7	5	9	1	3
9	8	3	6	1	4	2	5	7
7	9	2	1	5	6	4	3	8
4	3	5	2	8	7	1	9	6
8	6	1	3	4	9	5	7	2
1	5	4	7	6	2	3	8	9
6	2	9	5	3	8	7	4	1
3	7	8	4	9	1	6	2	5

SEITE 44

A

7	5	4	8	9	1	6	2	3
3	6	1	2	7	4	5	8	9
8	2	9	3	5	6	1	4	7
6	7	3	1	4	5	2	9	8
9	8	2	7	6	3	4	1	5
1	4	5	9	2	8	3	7	6
5	1	7	4	3	9	8	6	2
4	9	6	5	8	2	7	3	1
2	3	8	6	1	7	9	5	4

B

SEITE 45

A

4	6	2	5	1	7	8	3	9
9	3	1	4	6	8	7	5	2
8	5	7	2	9	3	6	1	4
7	4	5	3	2	6	9	8	1
2	1	9	8	7	5	4	6	3
3	8	6	9	4	1	5	2	7
1	7	3	6	8	4	2	9	5
5	9	8	7	3	2	1	4	6
6	2	4	1	5	9	3	7	8

B

5	9	6	1	7	8	3	4	2
1	8	3	2	9	4	5	6	7
2	4	7	6	5	3	1	8	9
9	1	5	4	2	6	8	7	3
7	6	8	9	3	1	4	2	5
4	3	2	7	8	5	6	9	1
8	2	1	3	4	7	9	5	6
3	7	4	5	6	9	2	1	8
6	5	9	8	1	2	7	3	4

SEITE 46

A

3	6	8	1	7	9	2	5	4
9	4	2	8	6	5	1	7	3
1	7	5	2	4	3	6	8	9
6	1	9	7	5	4	3	2	8
7	5	4	3	8	2	9	1	6
2	8	3	9	1	6	5	4	7
5	9	1	4	3	8	7	6	2
8	2	6	5	9	7	4	3	1
4	3	7	6	2	1	8	9	5

B

6	2	4	7	9	1	5	3	8
1	5	3	6	2	8	9	7	4
7	8	9	4	3	5	2	6	1
4	7	1	9	8	2	6	5	3
5	3	8	1	7	6	4	2	9
9	6	2	5	4	3	1	8	7
3	4	6	2	1	7	8	9	5
2	1	7	8	5	9	3	4	6
8	9	5	3	6	4	7	1	2

SEITE 47

A

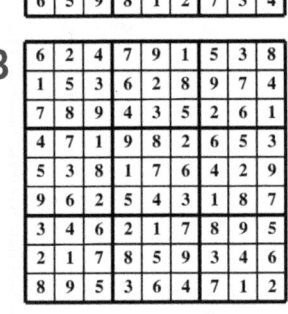

B

2	9	6	4	8	3	7	1	5
8	7	5	6	2	1	4	3	9
1	4	3	9	5	7	8	6	2
5	2	9	7	4	6	1	8	3
3	6	7	2	1	8	5	9	4
4	1	8	3	9	5	2	7	6
9	5	1	8	3	4	6	2	7
6	3	4	1	7	2	9	5	8
7	8	2	5	6	9	3	4	1

SEITE 50

A

6	2	4	1	7	5	9	3	8
9	1	8	4	3	2	5	7	6
7	3	5	6	8	9	2	4	1
3	8	1	9	5	4	6	2	7
5	7	2	3	6	1	4	8	9
4	6	9	8	2	7	1	5	3
8	5	3	2	1	6	7	9	4
1	4	7	5	9	8	3	6	2
2	9	6	7	4	3	8	1	5

B

9	8	4	7	5	6	1	2	3
3	1	7	8	9	2	6	5	4
2	6	5	3	1	4	9	8	7
5	9	1	6	2	7	3	4	8
4	2	3	5	8	9	7	6	1
8	7	6	4	3	1	2	9	5
6	3	2	1	4	5	8	7	9
1	5	9	2	7	8	4	3	6
7	4	8	9	6	3	5	1	2

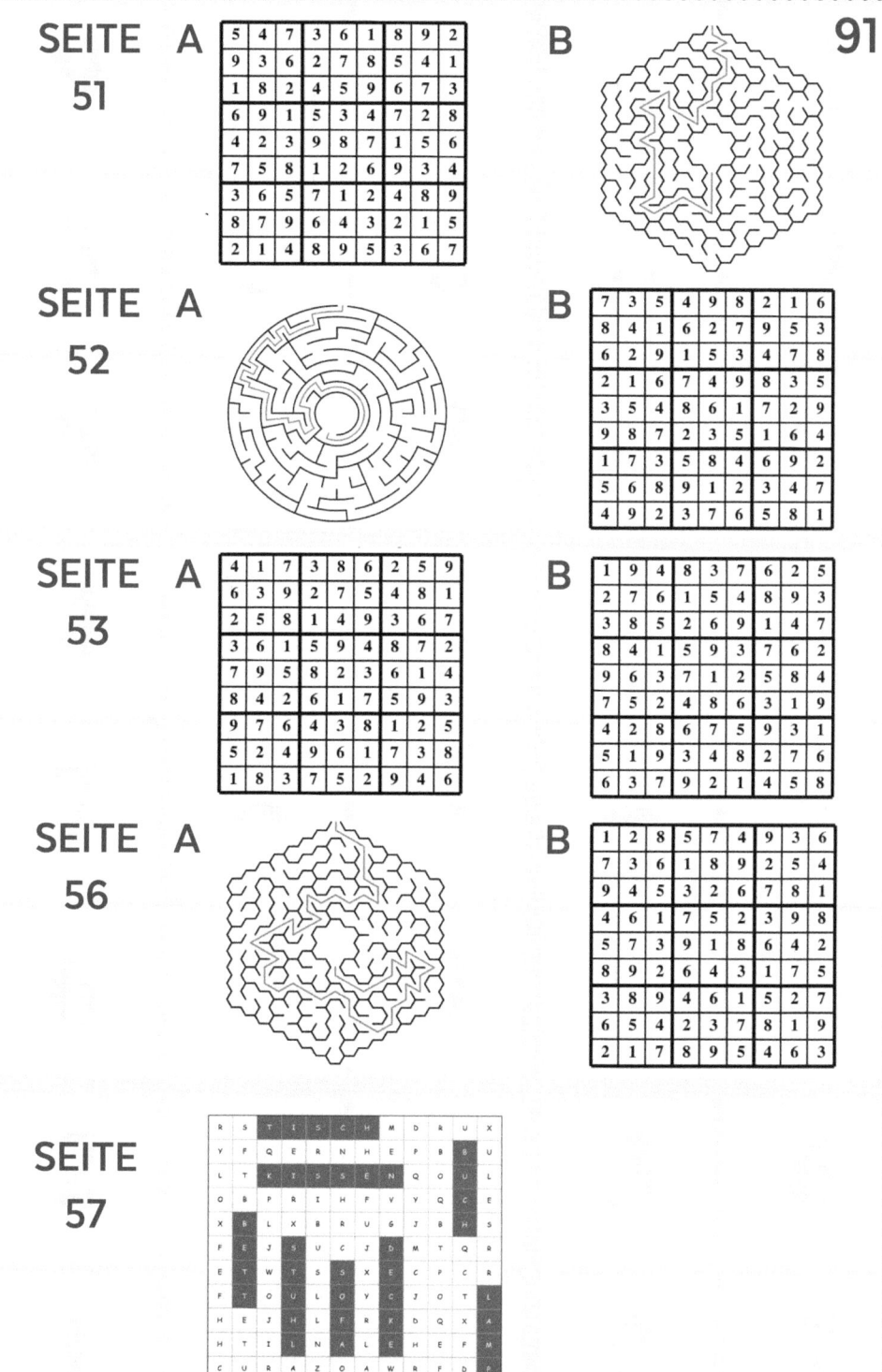

92

SEITE 65

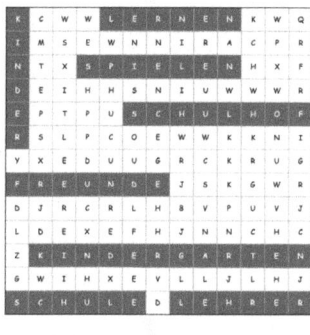

SEITE 68

A

4	8	3	2	6	7	1	5	9
6	1	5	3	9	4	8	2	7
7	9	2	8	1	5	4	3	6
9	2	1	5	8	6	3	7	4
3	5	7	9	4	2	6	1	8
8	4	6	1	7	3	5	9	2
1	3	9	6	2	8	7	4	5
2	6	4	7	5	1	9	8	3
5	7	8	4	3	9	2	6	1

B

2	4	3	9	8	5	6	1	7
6	7	8	3	4	1	9	5	2
1	5	9	2	7	6	4	3	8
8	3	1	5	6	4	2	7	9
7	9	2	1	3	8	5	4	6
4	6	5	7	9	2	1	8	3
3	2	6	4	5	7	8	9	1
9	8	4	6	1	3	7	2	5
5	1	7	8	2	9	3	6	4

SEITE 69

A

B

3	6	4	7	1	9	2	5	8
9	7	5	8	2	3	1	4	6
1	2	8	4	6	5	9	7	3
5	9	2	1	8	4	3	6	7
4	8	1	6	3	7	5	2	9
7	3	6	9	5	2	8	1	4
8	5	7	3	4	1	6	9	2
2	4	3	5	9	6	7	8	1
6	1	9	2	7	8	4	3	5

SEITE 70

A

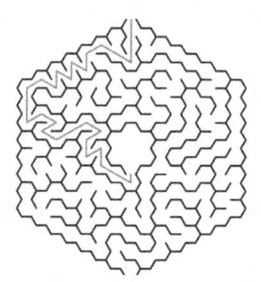

B

5	1	9	2	4	6	7	3	8
6	7	4	3	5	8	9	2	1
2	3	8	9	7	1	5	4	6
8	9	1	4	3	5	2	6	7
3	2	6	1	9	7	4	8	5
4	5	7	8	6	2	3	1	9
1	8	3	7	2	9	6	5	4
9	4	5	6	1	3	8	7	2
7	6	2	5	8	4	1	9	3

SEITE 71

A

8	3	6	1	2	9	7	5	4
7	1	9	8	4	5	3	6	2
4	5	2	6	3	7	1	9	8
6	8	1	2	7	3	9	4	5
5	2	7	4	9	8	6	3	1
9	4	3	5	6	1	8	2	7
2	7	8	9	5	6	4	1	3
3	9	4	7	1	2	5	8	6
1	6	5	3	8	4	2	7	9

B

6	1	9	3	8	7	5	2	4
2	7	8	4	6	5	1	3	9
4	3	5	1	2	9	6	7	8
8	2	4	9	5	1	3	6	7
1	9	6	2	7	3	8	4	5
3	5	7	6	4	8	2	9	1
9	8	3	7	1	2	4	5	6
5	6	2	8	9	4	7	1	3
7	4	1	5	3	6	9	8	2

SEITE 74

A

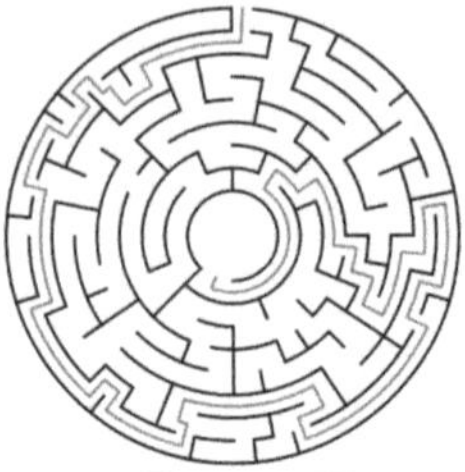

B

5	9	8	3	4	2	7	1	6
2	7	6	9	1	5	8	3	4
1	4	3	7	6	8	5	9	2
8	5	4	1	2	7	9	6	3
9	6	2	8	5	3	4	7	1
3	1	7	4	9	6	2	5	8
6	8	5	2	7	1	3	4	9
4	3	1	5	8	9	6	2	7
7	2	9	6	3	4	1	8	5

SEITE 75

U	E	N	Q	N	C	G	B	L	U	M	E
P	O	L	L	P	D	I	L	B	S	N	I
T	B	R	W	S	O	G	L	K	X	G	U
U	W	Q	J	O	N	W	I	R	C	S	G
E	O	U	W	M	V	A	A	F	F	H	A
H	P	G	H	M	W	S	K	C	F	B	R
E	T	R	W	E	J	S	I	S	A	G	T
S	U	I	D	R	V	E	Z	D	M	D	E
S	Y	L	E	D	I	R	J	E	I	N	N
E	B	L	I	L	R	H	D	V	L	M	R
N	J	F	F	N	K	Q	D	C	I	B	S
O	D	N	B	B	A	L	L	O	E	C	K

SEITE 76

A

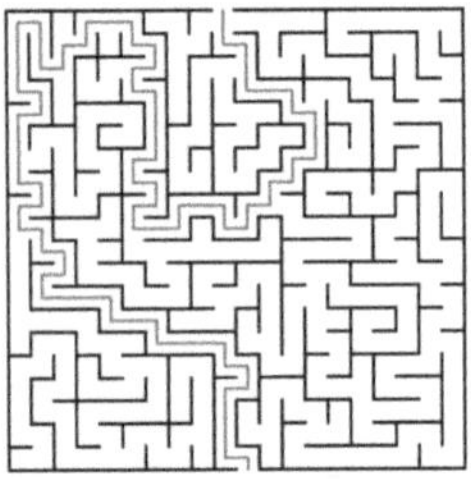

B

7	4	3	8	6	1	2	5	9
8	9	1	4	5	2	3	7	6
6	5	2	9	7	3	8	1	4
4	8	7	6	3	5	1	9	2
2	3	5	1	9	4	7	6	8
9	1	6	7	2	8	5	4	3
1	6	8	2	4	7	9	3	5
3	2	4	5	1	9	6	8	7
5	7	9	3	8	6	4	2	1

SEITE 77

A

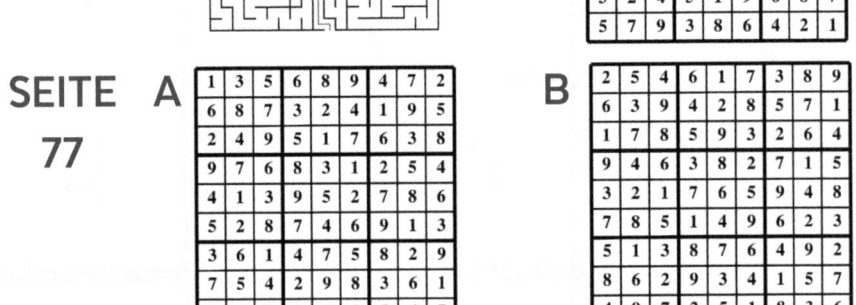

1	3	5	6	8	9	4	7	2
6	8	7	3	2	4	1	9	5
2	4	9	5	1	7	6	3	8
9	7	6	8	3	1	2	5	4
4	1	3	9	5	2	7	8	6
5	2	8	7	4	6	9	1	3
3	6	1	4	7	5	8	2	9
7	5	4	2	9	8	3	6	1
8	9	2	1	6	3	5	4	7

B

2	5	4	6	1	7	3	8	9
6	3	9	4	2	8	5	7	1
1	7	8	5	9	3	2	6	4
9	4	6	3	8	2	7	1	5
3	2	1	7	6	5	9	4	8
7	8	5	1	4	9	6	2	3
5	1	3	8	7	6	4	9	2
8	6	2	9	3	4	1	5	7
4	9	7	2	5	1	8	3	6

SEITE 80

A

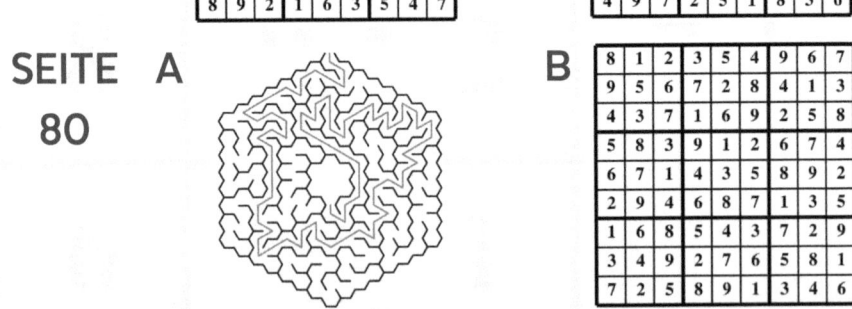

B

8	1	2	3	5	4	9	6	7
9	5	6	7	2	8	4	1	3
4	3	7	1	6	9	2	5	8
5	8	3	9	1	2	6	7	4
6	7	1	4	3	5	8	9	2
2	9	4	6	8	7	1	3	5
1	6	8	5	4	3	7	2	9
3	4	9	2	7	6	5	8	1
7	2	5	8	9	1	3	4	6

SEITE 81

A

5	4	2	7	3	9	1	8	6
9	6	1	5	4	8	7	2	3
3	8	7	2	1	6	5	4	9
4	3	9	6	8	7	2	5	1
1	5	6	4	9	2	3	7	8
2	7	8	3	5	1	9	6	4
6	1	5	9	7	4	8	3	2
7	9	4	8	2	3	6	1	5
8	2	3	1	6	5	4	9	7

B

4	5	8	3	6	2	7	1	9
3	6	9	5	1	7	8	4	2
2	1	7	4	8	9	5	3	6
6	9	2	7	5	4	3	8	1
8	7	5	1	3	6	9	2	4
1	4	3	9	2	8	6	7	5
7	8	6	2	4	5	1	9	3
5	3	4	8	9	1	2	6	7
9	2	1	6	7	3	4	5	8

SEITE 82

A

5	4	6	7	2	3	1	9	8
8	1	3	6	9	4	5	2	7
9	7	2	5	1	8	6	4	3
6	5	7	1	3	2	4	8	9
2	8	1	4	7	9	3	5	6
3	9	4	8	5	6	7	1	2
7	6	5	9	8	1	2	3	4
4	2	8	3	6	5	9	7	1
1	3	9	2	4	7	8	6	5

B

3	8	2	5	4	1	9	6	7
7	9	6	3	8	2	4	1	5
1	5	4	9	7	6	3	2	8
4	2	7	1	5	8	6	3	9
8	1	3	6	9	4	7	5	2
9	6	5	7	2	3	1	8	4
2	3	8	4	1	7	5	9	6
5	7	1	2	6	9	8	4	3
6	4	9	8	3	5	2	7	1

SEITE 83

A

2	5	1	9	3	6	7	4	8
7	3	4	5	1	8	6	9	2
8	6	9	4	2	7	3	1	5
4	1	3	7	9	5	8	2	6
6	2	5	8	4	1	9	3	7
9	8	7	2	6	3	4	5	1
3	7	2	6	5	9	1	8	4
5	9	8	1	7	4	2	6	3
1	4	6	3	8	2	5	7	9

B

FEIERTAGE 2019

01. Januar	Neujahr
06. Januar	Heilige Drei Könige
14. Februar	Valentinstag
04. März	Rosenmontag
05. März	Fastnacht
06. März	Aschermittwoch
31. März	Beginn Sommerzeit
18. April	Gründonnerstag
19. April	Karfreitag
20. April	Karsamstag
21. April	Ostersonntag
22. April	Ostermontag
30. April	Walpurgisnacht
01. Mai	Tag der Arbeit
12. Mai	Muttertag
30. Mai	Vatertag/Christi Himmelfahrt

FEIERTAGE 2020

01. Januar	Neujahr
06. Januar	Heilige Drei Könige
14. Februar	Valentinstag
24. Februar	Rosenmontag
25. Februar	Fastnacht
26. Februar	Aschermittwoch
29. März	Beginn Sommerzeit
09. April	Gründonnerstag
10. April	Karfreitag
11. April	Karsamstag
12. April	Ostersonntag
13. April	Ostermontag
30. April	Walpurgisnacht
01. Mai	Tag der Arbeit
10. Mai	Muttertag
21. Mai	Vatertag/Christi Himmelfahrt
31. Mai	Pfingstsonntag

SCHULFERIEN

BUNDESLÄNDER	WINTER	OSTERN
BADEN-WÜRTTEMBERG	04.03.-08.03.	15.04.-27.04.
BAYERN	04.03-08.03.	15.04.-27.04.
BERLIN	04.02-09.02.	15.04.-26.04.
BRANDENBURG	04.02-09.02.	15.04.-26.04.
BREMEN	31.01-01.02.	06.04.-23.04.
HAMBURG	01.02.	04.03.-15.03.
HESSEN	/	15.04.-27.04.
MECKLENBURG-VORPOMMERN	04.02.-15.02.	15.04.-24.04.
NIEDERSACHEN	31.01.-01.02.	08.04.-23.04.
NORDRHEIN-WESTFALEN	/	15.04.-27.04.
RHEINLAND-PFALZ	25.02.-01.03.	23.04.-30.04.
SAARLAND	25.02.-05.03.	17.04.-26.04.
SACHSEN	18.02.-02.03.	19.04.-26.04.
SACHSEN-ANHALT	11.02.-15.02.	18.04.-30.04.
SCHLESWIG-HOLSTEIN	/	04.04.-18.04.
THÜRINGEN	11.02.-15.02.	15.04.-27.04.

2019

PFINGSTEN	SOMMER	HERBST	WEIHNACHTEN
11.06.-12.06.	29.07.-10.09.	28.10.-30.10.	23.12.-04.01.
11.06.-12.06.	29.07.-09.09.	28.10.-03.11/20.11.	23.12.-04.01.
31.05./11.06.	20.06.-02.08.	04.10./07.10.-19.10.	23.12.-04.01.
/	20.06.-03.08	04.10.-18.10.	23.12.-03.01
31.05./11.06.	04.07.-14.08.	04.10.-18.10.	21.12.-06.01.
13.05.-17.05./31.05.	27.06.-07.08.	04.10.-18.10./01.11.	20.12.-03.01.
/	01.07.-09.08.	30.09.-12.10.	23.1.2-11.01.
31.05./07.06.-11.06.	01.07.-10.08.	04.10./07.10.-012.11. /01.11	23.12.-04.01.
31.05./11.06.	04.07.-14.08.	04.10.-18.10.	23.12.-06.01.
11.06.	15.07.-27.08.	14.10.-26.10.	23.12.-06.01.
/	01.07.-09.08.	30.09.-11.10.	23.12.-06.01.
/	01.07.-09.08.	07.10.-18.10.	23.12.-03.01.
31.05.	08.07.-16.08.	14.10.-25.10.	21.12.-03.01.
31.05.-01.06.	04.07.-14.08.	04.10.-11.10./01.11	23.12.-04.01.
31.05.	01.07.-10.08.	04.10.-18.10.	23.12.-06.01.
31.05.	08.07.-17.08.	07.10.-19.10.	21.12.-03.01.

IMPRESSUM

Bei Fragen & Anregungen:
feedback@mertens-publication.de

1. Auflage

2018 Mertens Verlagsgruppe

Mertens Ventures Ltd.
Tefkrou Anthia No 2
Office 301
6045 Larnaca
Zypern

E-Mail: kontakt@mertens-publication.de

Herstellung und Verlag:
BoD – Books on Demand, Norderstedt
ISBN: 978-3-7481-1722-3